U0450637

河南省农业生态经济系统论

On the System of Agricultural Ecological Economy in Henan Province

陈锋正 ◎ 著

中国社会科学出版社

图书在版编目（CIP）数据

河南省农业生态经济系统论／陈锋正著． —北京：中国社会科学出版社，2022.12
ISBN 978-7-5227-1147-8

Ⅰ.①河… Ⅱ.①陈… Ⅲ.①农业生态经济学—研究—河南 Ⅳ.①F327.61

中国版本图书馆 CIP 数据核字（2022）第 238462 号

出 版 人	赵剑英
责任编辑	赵 丽
责任校对	王 龙
责任印制	王 超

出　　版	中国社会科学出版社
社　　址	北京鼓楼西大街甲 158 号
邮　　编	100720
网　　址	http://www.csspw.cn
发 行 部	010-84083685
门 市 部	010-84029450
经　　销	新华书店及其他书店
印　　刷	北京明恒达印务有限公司
装　　订	廊坊市广阳区广增装订厂
版　　次	2022 年 12 月第 1 版
印　　次	2022 年 12 月第 1 次印刷
开　　本	710×1000 1/16
印　　张	12.75
插　　页	2
字　　数	204 千字
定　　价	69.00 元

凡购买中国社会科学出版社图书，如有质量问题请与本社营销中心联系调换
电话：010-84083683
版权所有　侵权必究

目　录

第一章　绪论 ………………………………………………………（1）
　第一节　研究背景 ……………………………………………………（4）
　第二节　研究的目标和意义 …………………………………………（6）
　第三节　研究对象和相关概念界定 …………………………………（7）
　第四节　国内外研究综述 ……………………………………………（13）
　第五节　研究内容和技术路线 ………………………………………（26）
　第六节　研究方法和资料数据来源 …………………………………（28）
　第七节　本书可能的创新点 …………………………………………（29）

第二章　理论基础 …………………………………………………（31）
　第一节　农业生态学理论 ……………………………………………（31）
　第二节　农业经济学理论 ……………………………………………（35）
　第三节　农业系统科学理论 …………………………………………（38）

第三章　农业生态环境与农业经济耦合系统分析 ………………（43）
　第一节　农业生态环境系统 …………………………………………（43）
　第二节　农业经济系统 ………………………………………………（47）
　第三节　农业生态环境系统与农业经济系统的逻辑关系 …………（49）
　第四节　农业生态环境系统与农业经济系统耦合原理 ……………（57）
　第五节　本章小结 ……………………………………………………（64）

第四章　农业生态环境与农业经济耦合系统协同发展分析 ……（65）
　第一节　农业生态环境与农业经济耦合系统协同发展的目标 ……（65）

第二节 农业生态环境与农业经济耦合系统协同发展的内容 …… (68)

第三节 农业生态环境与农业经济耦合系统协同发展的特征 …… (70)

第四节 农业生态环境与农业经济耦合系统协同发展机理 …… (72)

第五节 农业生态环境与农业经济耦合系统协同发展效应 …… (78)

第六节 农业生态环境与农业经济耦合系统协同发展的主体行为 …… (81)

第七节 本章小结 …… (88)

第五章 河南省农业生态环境与农业经济现状分析 …… (89)

第一节 河南省农业生态环境与农业经济现状 …… (89)

第二节 河南省农业生态环境与农业经济存在的问题 …… (92)

第三节 河南省农业生态环境与农业经济存在问题的原因探讨 …… (96)

第四节 本章小结 …… (99)

第六章 河南省农业生态环境与农业经济耦合系统协同发展分析 …… (101)

第一节 河南省农业生态环境与农业经济耦合系统协同发展分析的逻辑思路 …… (101)

第二节 河南省农业生态环境与农业经济耦合系统协同发展评价指标体系 …… (102)

第三节 河南省农业生态环境与农业经济状况分析 …… (114)

第四节 河南省农业生态环境与农业经济耦合协同发展分析 …… (125)

第五节 河南省农业生态环境与农业经济耦合系统协同发展效应分析 …… (130)

第六节 本章小结 …… (150)

第七章 河南省农业生态环境与农业经济耦合系统协同发展的主体行为分析 …… (152)

第一节 市场行为与政府行为在耦合系统中"二律背反" …… (153)

第二节　农户行为在耦合系统中的实证分析 …………………（156）
　　第三节　本章小结 ……………………………………………（170）

第八章　对策建议 ………………………………………………（171）
　　第一节　建立关于耦合系统协同发展的行为主体共识 ………（171）
　　第二节　完善耦合系统协同发展的市场机制 …………………（172）
　　第三节　强化科技与信息在耦合系统协同发展中的作用 ……（173）
　　第四节　以制度建设保障耦合系统协同发展 …………………（174）

第九章　研究结论与研究展望 …………………………………（175）
　　第一节　研究结论 ……………………………………………（175）
　　第二节　研究展望 ……………………………………………（179）

参考文献 …………………………………………………………（182）

附录　农业生态环境与农业经济调查问卷 ……………………（194）

第 一 章

绪　　论

　　2021年中央一号文件提出全面推进乡村振兴，推进农业绿色发展，具体包括：实施国家黑土地保护工程，推广保护性耕作模式，健全耕地休耕轮作制度；持续推进化肥农药减量增效，推广农作物病虫害绿色防控产品和技术；加强畜禽粪污资源化利用；全面实施秸秆综合利用和农膜、农药包装物回收行动，加强可降解农膜研发推广；在长江经济带、黄河流域建设一批农业面源污染综合治理示范县；支持国家农业绿色发展先行区建设；加强农产品质量和食品安全监管，发展绿色农产品、有机农产品和地理标志农产品，试行食用农产品达标合格证制度，推进国家农产品质量安全县创建；加强水生生物资源养护，推进以长江为重点的渔政执法能力建设，确保十年禁渔令有效落实，做好退捕渔民安置保障工作；发展节水农业和旱作农业；推进荒漠化、石漠化、坡耕地水土流失综合治理和土壤污染防治、重点区域地下水保护与超采治理；实施水系连通及农村水系综合整治，强化河湖长制；巩固退耕还林还草成果，完善政策、有序推进；实行林长制；科学开展大规模国土绿化行动；完善草原生态保护补助奖励政策，全面推进草原禁牧轮牧休牧，加强草原鼠害防治，稳步恢复草原生态环境。在现实中，中国农业经济粗放式发展特征明显，农业生态环境保护现状不容乐观，农业可持续发展问题亟待解决。党中央、国务院提出了"生态文明建设""转变农业发展方式""坚持中国特色新型农业现代化道路"的农业发展目标。

　　按照农业生态经济系统发展的一般规律，生态保护与经济发展会经历从对峙到耦合、再到协调发展的有序演变。回顾中国生态环境的保护和农业经济的发展，中国作为世界上最大的发展中国家，农业人口多、农业生态环境复杂，中华人民共和国成立70多年来，特别是改革开放后的40多年，经济高速增长带来了生态环境的巨大压力。由于农业经济具备生态学、生物学与经济学等多重属性，在经济发展与生态保护的双重选择中，面临着更多的制约与现实挑战。走进新时代，在经济发展动能转换、高质量发展理念下，生态保护提高到国家战略高度。习近平总书记从经济发展的基本规律出发，提出"生态兴则文明兴""绿水青山就是金山银山"等重要论断，为农业经济的高质量发展指明了方向。

在中国农业生产实践中，农业面源污染依然严重，农业生态环境承载力不断下降，农业经济可持续发展与建设环境友好型、资源节约型社会的矛盾日益严峻。中国农业环境污染问题加之中国现有的可耕地面积有限，农产品质量有下降趋势，农作物有毒有害的问题更加明显，对人们的健康造成了极其严重的影响。中国农业环境污染的成因是多方面的，过度施用化肥、农药、地膜等造成土壤和水体污染，具有污染分量小、总量大，污染范围广、监测困难，污染潜伏周期长、防治困难等特点。

在化肥施用方面，主要表现为化肥用量大、利用效率低，成为水体和土壤污染中氮、磷污染的重要来源。氮肥和磷肥是中国农业生产过程中用于农作物增产的主要肥料，目前中国化肥总用量居全世界之首，单位耕地面积化肥施用量是美国的4倍，而化肥利用率仅为30%左右，不及发达国家一半。化肥流失逐渐成为中国地表水、地下水及土壤污染的重要来源。降雨、灌溉时产生径流将化肥中的氮和磷养分带入水体，一方面引起地表水体富营养化，中国已经有一半以上湖泊的水质受到不同程度富营养化污染的威胁，其中部分湖泊达到重富营养化程度；另一方面引起地下水和饮用水中硝酸盐的含量升高，对人体健康具有致癌、致畸、致突变的严重危害性。另外，农田长期使用大量化肥，土壤结构受到破坏，使微生物和蚯蚓等土壤生物减少，致使土壤严重板结，影响农作物生长和粮食产量。

在毒害农药施用方面，农药用量大，通过蔬菜、粮食等农作物间接危害人们健康。中国农药使用以杀虫剂为主，占农药总用量的80%以上，其中又以甲胺磷、敌敌畏等毒性较高、残留时间长的品种使用最多。喷洒的农药大约只有1%接触到农作物的目标害虫，绝大部分农药残留在大气、水体及土壤中带来污染，同时还通过呼吸、饮水、农作物食品等直接威胁人体健康。特别是温热季节的蔬菜和大棚蔬菜，过量使用农药的现象更为普遍，农产品农药残毒超标及食物中毒现象时有发生。

在地膜使用方面，地膜迅速普及应用带来新的土壤污染问题。农业大棚经济的兴起，推动了地膜覆盖技术的普及应用，农用地膜使用量逐年增大，目前中国地膜的用量和覆盖面积均已居世界首位。农用地膜是高分子有机化学聚合物，很难降解，大量废膜滞留田间，降低了土壤的渗透性，使土壤保水保肥能力下降，且降解之后产生有害物质，逐年积累，最终破坏土壤结构和造成土壤污染。

在相关理论研究中，农业生态经济系统涵盖了农业再生产过程中由生态、经济和技术三个子系统相互结合形成的有机整体，表现在生态与经济的统一与结合，系统组成要素多，各生物、环境因素及经济、技术因素共存于一体，交互作用，都具有易变性，系统组成因素的变化运动受自然经济规律制约，在人类运用科学技术条件下具有可控性等特点。农业生态经济系统具有系统、要素的空间结构与循环增殖功能，系统要素的反馈结构及相互制约功能，输入（投入）输出（产出）结构与生态经济功能。要使农业持续、稳定、协调发展，就要对农业生态经济系统中不合理的结构进行适时调整，使系统结构趋于合理优化，以促进系统生产力的不断提高。

农业生态环境或农业经济单向度研究相较于农业生态经济系统研究具有一定的局限性，不能真正探析农业生态环境与农业经济之间矛盾的根源，提出的仅仅是"头痛医头，脚痛医脚"的"局部疗法"，不利于农业生态环境和农业经济的可持续发展。借鉴系统观和协同学思想，将农业生态环境与农业经济置于更加宏大的系统视野中，统筹农业生态环境与农业经济耦合系统的逻辑关系和耦合原理，关注耦合系统协同发展的目标、内容、特征和机理，以及耦合系统协同发展效应，可以对农业生态环境与农业经济进行科学、有效的研判，为深入探究二者耦合机理和协同发展机制提供强有力的理论支撑。同时，通过主客观世界的有效联系，将政府行为、市场行为和农户行为等主体行为分析纳入农业生态环境与农业经济耦合系统协同发展研究中，以规范研究和实证研究相结合的方法探讨主体行为对耦合系统协同发展的影响，为农业生产实践和相关政策设计提供有效参考。

第一节 研究背景

中国农业经济粗放式发展特征明显，生态环境状况不容乐观，2013年中国农业生态环境相关指标，如化肥利用率（33%）、农药利用率（35%）、地膜回收率（<60%）、畜禽粪污有效处理率（42%）、农业灌溉用水有效利用系数（0.52）都远远低于发达国家[①]，甚至达不到世界平均水平或国际公认的安全线[②]。河南省作为全国农业大省和人口大省，以占全国6%的耕地养活了占全国8%的人口，每年还向省外供给大量农产品，保障了粮食产量连增和国家粮食战略工程核心区建设。但是，河南省农业生态环境问题日趋严峻。《2014年河南省环境状况公报》指出：农业面源污染严重，农业生态环境承载力较弱，如旱涝灾害频繁、水土流失严重、地表水质日益恶化、化肥和农药过量使用、农业自身废弃物回收率低等。

农业经济快速发展的背后是农业生态环境的恶化和农业发展的不可持续性，如何实现农业资源节约、环境友好与农业经济协调可持续发展是理论界关注的焦点和热点。国内外的相关研究成果大多偏向于从农业生态环境视角或从农业经济视角出发，形成单向度研究路径，既有农业生态环境考核指标体系，又有农业经济发展衡量指标，既有农业生态环境保护的具体措施，又有发展农业经济的法规政策。而关于农业生态环境与农业经济耦合作用的相关研究成果大多从国家生态环境发展战略或国家农业发展战略层面出发，研究视野过于宏观，缺乏对农业生态环境影响要素和农业经济行为主体的关注。即使有研究关注农业生态环境与农业经济的逻辑关系，也只是简单地认为农业生态环境是农业经济的发展条件，或者农业经济是农业生态环境的影响因素，并没能从系统的观点深入挖掘二者的耦合关系与协同机制。因此，从系统论的思想出发，

[①] 李慧：《谁来挽救"超负荷"的土地？》，《光明日报》2014年12月22日第10版。
[②] 陈锋正、刘新平、刘向晖：《经济发展新常态下城镇化与粮食生产问题分析》，《农业经济》2015年第10期。

拓展新的研究视角，注重微观层面要素影响和农业经济行为主体的作用，对于探讨农业生态环境与农业经济问题具有一定的理论意义和现实意义。

党的十六大提出人与自然和谐相处，建设"两型社会"（资源节约型社会、环境友好型社会）的目标；党的十七大提出生态文明建设理念，并将生态文明与物质文明、精神文明和政治文明共同构成了社会发展的"四大文明"；党的十八大在"四大文明"的基础上，提出经济、政治、文化和社会建设要与生态建设共举，构建"五位一体"的中国特色社会主义事业总布局；党的十九大明确了"美丽中国"的生态文明建设目标，擘画了更宏大、更宽广的生态文明宏伟蓝图，向全世界发出了中国建设生态文明的庄严承诺。2014年12月，中央农村工作会议指出：坚定不移地走中国特色新型农业现代化道路，加快转变农业发展方式，不断提高土地产出率、资源利用率和劳动生产率，实现集约发展和可持续发展[①]。2015年2月，中央一号文件将农业资源环境问题作为当前农业的"四个重大"问题之一，提出今后农业工作的重点是通过改革创新，改变传统拼资源、拼数量、拼消耗的农业生产模式，促进节本降耗，加强农业生态环境治理，有效转变农业生产方式。2015年3月，党中央、国务院《关于加快推进生态文明建设的意见》首次提出"绿色化"概念，与"新四化"——新型工业化、城镇化、信息化、农业现代化并提，形成"新五化"，为实现"两个一百年"奋斗目标和中华民族的永续发展提出了新的要求。"四大文明""五位一体"和"新五化"，为农业生态环境与农业经济耦合系统协同发展提供了政策依据。

综上现实背景、理论背景和政策背景，农业生态环境与农业经济的良性互动与可持续发展存在的问题以及研究现状，需要跨学科交叉研究，运用系统观和协同思想，探寻农业生态环境与农业经济的逻辑关系和耦合原理，深入分析耦合系统协同发展的目标、内容、特征、机理和效应，以及影响耦合系统协同发展的主体行为，采取针对性策略促进农业生态环境与农业经济耦合系统协同发展。同时，鉴于农业生态环境与农业经

---

① 陈二厚、王宇：《中央农村工作会议在京召开》，《人民日报》2014年12月24日第1版。

济具有显著的区域特征,为了提高理论研究对现实的指导意义,本书将河南省农业生态环境和农业经济作为研究对象,关注区域农业生态环境与农业经济耦合系统协同发展问题。

第二节 研究的目标和意义

一 研究目标

本书重点关注农业生态环境与农业经济耦合系统协同发展问题,拟拓展现有单向度农业生态环境视角或农业经济视角的研究方法,明确农业生态环境与农业经济的逻辑关系与耦合原理,将农业生态环境的影响要素和影响农业经济的行为分析纳入农业生态环境与农业经济的耦合系统中,深入探讨耦合系统协同发展的机理、效应和主体行为,利用河南省农业生态环境与农业经济的相关数据加以评价、验证和推论,拓展在系统观的视角下农业可持续发展问题的研究思路,探索农业生态环境与农业经济耦合系统的协同发展对策,促进资源节约型、环境友好型农业的可持续发展。具体目标如下。

借助系统论和协同学思想,论证农业生态环境与农业经济的逻辑关系和耦合原理,分析农业生态环境影响因素与影响农业经济的主体行为,从理论上阐释农业生态环境与农业经济耦合系统协同发展的目标、内容、特征、机理、效应和主体行为等关键性问题。

按照农业生态环境与农业经济耦合系统协同发展评价的逻辑思路,构建农业生态环境与农业经济耦合系统协同发展的评价指标体系及评价模型,基于相关统计数据,对河南省农业生态环境与农业经济耦合系统进行实证研究,定量分析河南省农业生态环境与农业经济耦合系统协同发展状况。

通过对农业生态环境影响要素和影响农业经济的主体行为分析,深入论证市场行为与政府行为在农业生态环境与农业经济耦合系统中的背离与统一,以及对市场行为与政府行为对农户行为的影响,并运用田野调查数据,实证分析农户行为对耦合系统的影响,提出耦合系统协同发展的对策建议。

二 研究意义

（一）理论意义

在现有关于农业生态环境与农业经济的研究中，往往侧重于定性角度或规范性分析，对农业生态环境与农业经济的逻辑关系量化实证研究还不是很多。在已有的实证研究中，也往往侧重于某个视角的单向度分析。基于此，开展河南省农业生态环境与农业经济耦合系统协同发展研究，借助系统论和协同学思想，提出农业生态环境与农业经济的耦合系统观点，立足系统的内在逻辑关系，探讨农业生态环境与农业经济耦合系统协同发展机理，注重考察农业生态环境的影响要素和影响农业经济的主体行为，借鉴国内外关于农业生态环境与农业经济可持续发展的综合评价理念，构建耦合系统评价指标体系和评价模型，运用定量与定性分析相结合的方法，兼顾农业生态环境质量和农业经济发展要求，拓展农业生态环境与农业经济问题的研究视角和研究思路，丰富系统论和协同学思想在农业经济研究方面的应用。

（二）实践意义

农业生态环境与农业经济耦合系统协同发展研究从理论层面分析耦合系统协同发展的机理、测度、效应和主体行为选择等，通过理论联系实际，结合已有的研究成果，对河南省相关数据进行分析，构建河南省农业生态环境与农业经济耦合系统协同发展的评价指标体系和评价模型，得出河南省农业生态环境与农业经济耦合系统协同发展的基本判断，为河南省以及相邻或类似区域的农业生态环境与农业经济协同推进和农业可持续发展提供现实依据和决策参考。

第三节 研究对象和相关概念界定

本书的研究对象是农业生态环境与农业经济耦合系统，在河南省域内，围绕农业生态环境与农业经济的逻辑关系、耦合原理和协同发展机理，实证研究农业生态环境与农业经济耦合系统协同发展状况，包括了农业生态环境系统、农业经济系统、农业生态经济系统、系统耦合、耦合系统、系统相悖和协同发展等概念。

一　农业生态环境系统

农业生态环境系统（Agricultural Ecological Environment System）是生物与其赖以生存的生态环境在一定时空范围内的统一，由相关农业生产者、农产品消费者、农业生物分解者和农业生态调控者统筹生物与环境的关系，形成合理结构，通过一定输入输出关系、能量转化和物质循环，进行农业生产的综合体系[①]。静态上，农业生态环境系统是生物与其所处生存环境状态的一种表征。动态上，生物可随着其生存条件的变化而变化，并不断地反作用于环境[②]。在农业生态环境系统中，生物与生态环境相互联系、相互制约，形成稳定的耦合关系并协同变化。在特定时间范围内，特定区域的农业生物种类变化不大，而生态环境因人类农业生产活动的影响变化较大。因此，本书重点关注农业生态环境的变化，以及农业生态环境与农业经济的耦合协同关系。

二　农业经济系统

经济系统（Economic System）是生产力系统与生产关系在一定地理环境和社会体制下的组合，是各种经济成分及各种经济关系所构成的统一体。农业经济系统（Agricultural Economic System）是指农业经济可持续发展的经济支持和保证系统，是对影响农业经济可持续发展的诸多经济因素的系统总括，也是对实施农业经济发展战略、增进农业经济发展可持续性的经济手段、经济措施、经济行为的系统总括[③]。农业经济系统通过作用于技术系统、资源生态系统和社会系统，直接关系到农业经济可持续发展，是农业生态经济系统运作的驱动系统。在社会主义市场经济不断完善的过程中，农业经济系统的内容及其构成要件间的相互关系也在不断地优化和完善。现代市场经济条件下的农业经济系统主要包括价格、信贷、市场、税收、财政支出和经济制度等要件，形成价格体

[①] 尚杰：《农业生态经济学》，中国农业出版社2000年版，第41—57页。
[②] 张季中：《农业生态与环境保护》，中国农业大学出版社2007年版，第13—16页。
[③] 国务院发展研究中心农村经济研究部课题组：《中国特色农业现代化道路研究》，中国发展出版社2012年版，第15—19页。

系、农业信贷体系、农业市场体系、政府农业收支体系和经济制度体系等①。

三 农业生态经济系统

农业生态经济系统（Agricultural Eco-economic System）是以技术手段和技术措施、管理手段和管理措施为纽带，由农业生态环境系统与农业经济系统相互交织、相互作用、相互耦合，形成一个生态、经济、技术融合为一体的具有特定的能量转化和物质循环规律的复合系统②。在农业生态经济系统中，人们利用各种技术和经济措施对整个系统进行有目的的调节和控制，输入各种资源与输出各种农畜产品相结合，使生态环境资源中潜在的物质和能量转化为各种农产品。从系统论的角度出发，农业生态环境系统与农业经济系统耦合机制形成了农业生态经济系统再生产过程中的复杂关系，并表现为农业生态环境系统与农业经济系统之间互为反馈机制的关系。农业生态环境系统是农业经济系统的基础，农业经济系统是农业生态环境系统的主导，技术系统是联结农业经济系统和农业生态环境系统的中介③。农业生态经济系统通过人（体力和智力）、财（资金）、物（农业劳动资料和农业劳动对象）、信息（经济信息、管理信息、技术信息和生物信息等）等要素，与农业生产活动发生联系，在系统中进行物质循环、能量流动、信息交换和价值转移。因此，农业生态经济系统是一个不断有人、财、物、信息输入输出的动态系统，表现出生态环境与经济的统一性、系统的开放性、复杂性、多目标性、可控性和时空维度上的差异性等特征。

四 系统耦合与耦合系统

系统耦合（System Coupling）是一个源于物理学的概念，它是指两

---

① 尚杰：《农业生态经济学》，中国农业出版社2000年版，第59页。
② [美]赫尔曼·E.戴利、[美]乔舒亚·法利：《生态经济学：原理和应用》，金志农、陈美球、蔡海生等译，中国人民大学出版社2014年版，第12页。
③ 刘钦普：《生态农业概论》，河南科学技术出版社1995年版，第72—80页。

个或两个以上的体系或运动形式之间,通过各种相互作用而彼此影响的现象,其中每一个体系或运动形式称为系统耦合的序参量①。20世纪80年代中后期,任继周院士将系统耦合概念引入农业系统科学研究,并在农业系统生态学领域将系统耦合概念定义为:两个或两个以上性质相近似的系统具有相互亲和的趋势,在一定条件下,可以结合为一个新的、高一级的结构—功能体②。系统耦合的动力在于系统自由能的积累,公式如下:

$$F = E - TS \qquad (1-1)$$

其中F为系统的自由能,E为系统的总能,T为热力学温度,S为系统的熵③。农业生态环境系统与农业经济系统作为农业生态经济系统耦合的序参量,当能量投入较大而熵值恒定时,自由能增大并不断积累,促使二者进入非平衡态。④ 在自由能增加到一定限度后,就成为不稳定的势能,也就是农业生态环境系统与农业经济系统之间发生系统耦合的动力,使二者实现结构与功能的重新结合,形成新的、较高一级的农业生态经济系统。农业生态经济系统不是农业生态环境系统与农业经济系统简单的加总,而是以新的物质循环、能量流动和信息交换形成新的更高一级的结构—功能体。

五 系统相悖

系统相悖(System Discordance)是系统耦合的对立面,它是指两个或两个以上的系统在进行系统耦合时,所发生的系统性的结构不完善结合,以及由此导致的功能不协调运行,从而成为系统耦合的

---

① 吴大进、曹力、陈立华:《协同学原理和应用》,华中理工大学出版社1990年版,第9—17页。

② 任继周、万长贵:《系统耦合与荒漠—绿洲草地农业系统——以祁连山—临泽剖面为例》,《草业学报》1994年第3期。

③ Katchalsky. A., "Biological flow structures and their relation to chemical fluxional coupling", *Neuroscience Research Progress Bulletin*, vol. 9, No. 23, May 1971.

④ 任继周、朱兴运:《中国河西走廊草地农业的基本格局和它的系统相悖》,《草业学报》1995年第4期。

障碍①。在自然条件下，系统相悖可以通过系统的自组织过程使之和谐、协调，但在不合理的人类活动干扰下，系统相悖往往愈演愈烈，不仅成为系统耦合的障碍，还可能导致系统受损或崩溃②。农业生态经济系统相悖是指农业生态环境系统与农业经济系统不协调，以及由此导致的系统整体结构—功能不协调，是农业生态经济系统生产效益低下和生态环境退化的主要原因。③ 现实中，系统耦合与系统相悖往往相伴而生。系统相悖一方面导致系统耦合的不完善运行，另一方面也孕育了生产潜势和耦合机遇。因此，对系统相悖的负面因素和正面因素因势利导，把握好系统耦合的大趋势是促进农业可持续发展的必由之路。

六　协同发展

协同发展（Synergism Development）是"协同"与"发展"两个概念的组合与提升。按照协同学思想，协同是指不同事物内部各要素或不同的系统内部各子系统之间相互协调、同步的状态或趋势，呈现协同结构、反映协同功能，并通过一定的动态调节机制促进事物或系统的演进，实现协调和同步发展④。按照系统论的观点，协同是系统耦合的序参量之间相互协调、合作或同步的联合作用，形成宏观有序结构，呈现出系统整体性和相关性的集体行为⑤。发展是自然—社会—经济复杂系统的行为轨迹，表现出趋于均衡、互补、协调、和谐的演进方向，强调多因素的综合与均衡，突出系统演进中效率与公平的统一，最终实现人类的全面

---

① 任继周、贺汉达、王宁：《荒漠—绿洲草地农业系统的耦合与模型》，《草业学报》1995年第4期。
② 林慧龙、侯扶江：《草地农业生态系统中的系统耦合与系统相悖研究动态》，《生态学报》2004年第24期。
③ 朱鹤健、何绍福、姚成胜：《农业资源系统耦合模拟与应用》，科学出版社2009年版，第2—3页。
④ 白华：《"经济—资源—环境"复合系统协调发展理论与方法》，博士学位论文，天津大学，1997年，第18—20页。
⑤ H. Haken, *Information and Self-organization—a macroscopic approach to complex systems*, Berlin & New York: Springer-verlag, 1988, pp. 4–6.

可持续发展[①]。

协同发展是在"协同"概念和"发展"概念基础上的整合，在本书中意为耦合系统内部及各序参量之间，在整体性、综合性和内在性聚合的基础上，互相协作与适应，共同促进耦合系统良性发展[②]。根据协同论原理，农业生态经济系统引导和促进农业生态环境子系统与农业经济子系统，在微观的要素层面互相联系与协作，在宏观的系统层面互相适应与促进。鉴于农业生态经济系统的发展规律及农业生态环境系统与农业经济系统间的相互作用，为直观描述协同发展的内涵，采用系统动力学方程组描述如下：

$$\begin{cases} \dfrac{1}{x}\dfrac{dx}{dt} = f_1(x) + g_1(y) \\ \dfrac{1}{y}\dfrac{dy}{dt} = f_2(x) + g_2(y) \end{cases} \quad (1-2)$$

其中 x 和 y 分别代表 t 时刻农业生态环境系统指数和农业经济系统指数，dx/xdt 和 dy/ydt 分别表示两个系统的相对增长率，$f_1(x)$ 和 $g_2(y)$ 分别表示两个系统各自的指数的增长率，$f_2(x)$ 和 $g_1(y)$ 分别表示一个系统对另一个系统的影响。其中，$f_1(x)$、$f_2(x)$、$g_1(y)$ 和 $g_2(y)$ 需要根据具体对象和环境而定。采用伏特拉模型假定四个函数都是线性的，则农业生态环境系统和农业经济系统相互作用的协同数学模型为：

$$\begin{cases} \dfrac{dx}{dt} = x(a_1 + b_1 x + c_1 y) \\ \dfrac{dy}{dt} = y(a_2 + b_2 x + c_2 y) \end{cases} \quad (1-3)$$

其中，a_1 和 a_2 代表了两个系统的内生增长率，$b_1 x^2$ 和 $c_2 y^2$ 代表了两个

---

① 牛文元：《持续发展导论》，科学出版社1994年版，第1页。
② 韩志强：《基于可持续发展的城乡旅游协同发展研究》，博士学位论文，福建师范大学，2008年，第3—5页。

系统内的制约要素，c_1xy 和 b_2xy 代表了两个系统间的关系。当 $b_2 \geq 0$，$c_1 \geq 0$ 时，农业生态环境系统与农业经济系统对对方的指数增长均起到促进作用，双方协调发展。因此，两个系统耦合协同发展的实质要求对农业生态经济系统预期目标实施有效管理，通过管理变量和调整外部政策促使两个系统结构与功能耦合并形成新的整体效应。

第四节 国内外研究综述

一 农业生态环境方面的研究

（一）环境承载力研究

环境承载力的概念起源可以追溯到马尔萨斯在《人口论》中"环境限制因子对人类社会物质增长过程有重要影响"等相关论述。Park 和 Burgess 在《生态学杂志》首次提出承载力的概念，即"某一特定环境条件下（主要指生存空间、营养物质、阳光等生态因子的组合），某种个体存在数量的最高极限"。Bishop 在《环境管理中的承载力》一书将环境承载力描述为："在维持一个可以接受的生活水平前提下，一个区域所能永久地承载人类活动的强烈程度。"中国学者曾维华等在《福建省湄洲湾开发区环境规划综合研究总报告》中系统阐释了环境承载力概念及其表征方法，并建立了一套环境承载力理论与方法体系[1]。此后，环境承载力研究受到了国内理论界的普遍重视。

环境承载力是指在特定的区域范围内，在一定时期和一定条件下，区域生态环境能够承受人类各种经济社会活动而不受损坏。环境承载力具有有限性和相对稳定性，并随着时间和条件的变化，环境承载力也会发生变化，即具有相对调控性[2]。环境承载力的有限性和相对稳定性决定了对农业开发利用的硬约束，环境承载力的概念在现代农业中的运用和发展，成为现代农业可持续发展的重要生态指标，环境承载力理论也成

---

[1] 曾维华、杨月梅、陈荣昌：《环境承载力理论在区域规划环境影响评价中的应用》，《中国人口·资源与环境》2007 年第 6 期。

[2] 刘喜波、张雯、侯立白：《现代农业发展的理论体系综述》，《生态经济》2011 年第 8 期。

为现代农业规划与发展的基本依据和前提条件，为农业生态环境与农业经济协调可持续发展提供了一个重要标准。当前，国内关于生态环境承载力研究主要有承载力指标体系和评价模型研究、区域性环境承载力研究和要素性环境承载力研究等方面。洪阳等认为环境承载力的指标体系可以分为自然资源支持力指标、环境生产支持力指标和社会经济技术支持水平指标[1]。承载力量化研究中具有代表性的有曾维华等的承载力值计算分析法[2]和洪阳等的人口、经济、资源环境承载力模型与可持续环境承载力模型[3]。在区域性环境承载力研究中，程一松等建立河北省五地区的农业环境承载力指标体系，对区域的生态因素、抗灾能力和农用化学物质施用强度等进行定量分析，表征该区可持续发展的能力[4]。聂佳梅通过灰色关联分析，探讨了广西农业机械化发展背景下的环境承载力问题，得出广西农业机械化发展的环境承载能力[5]。贺卫华通过对河南省农业生态环境的定性分析，提出提升农业生态环境承载力的具体措施[6]。在要素性环境承载力研究中，主要包括土地、矿产、大气和水资源等要素的环境承载力研究。

（二）农业可持续发展研究

农业可持续发展是一门介于哲学、科学决策学、生态学、系统学、农作制度、生物工程、信息科学、农村发展与资源管理等学科，并不断发展和完善的学科[7]。第二次世界大战后，美国农业与现代科技相结合实现了高速增长，但先进的美国农业却潜伏着一系列的生态危机。蕾切尔·卡森在《寂静的春天》一书中以无可辩驳的事实为人类社会敲响了

---

[1] 洪阳、叶文虎：《可持续环境承载力的度量及其应用》，《中国人口资源与环境》1998年第3期。

[2] 曾维华、杨月梅、陈荣昌：《环境承载力理论在区域规划环境影响评价中的应用》，《中国人口·资源与环境》2007年第6期。

[3] 洪阳、栾胜基：《中国环境影响评价（EIA）中的公众参与》，《重庆环境科学》1999年第1期。

[4] 程一松、胡春胜：《河北省中南部农业环境承载力研究》，《生态农业研究》2000年第3期。

[5] 聂佳梅：《广西农业机械化发展的环境承载力研究》，博士学位论文，广西大学，2006年，第11—68页。

[6] 贺卫华：《河南省农业生态环境承载力分析》，《学习论坛》2010年第7期。

[7] 彭珂珊：《农业可持续发展的作用和意义》，《科学新闻》2001年第40期。

生态环境的警钟，在人与自然的关系上可持续发展问题已不容回避。莱斯特·布朗在《崩溃边缘的世界：如何拯救我们的生态和经济环境》一书中系统阐述了"可持续发展观"。之后，哥尔丹·道格拉斯明确提出"农业可持续性"问题。1991年，联合国粮农组织在荷兰召开"农业与环境"国际会议，发表了"可持续农业和农村发展的登博茨宣言"，确立了可持续农业在人类社会发展中的地位；1992年，在巴西召开联合国环境与发展大会提出了以人的全面发展为目标，经济社会和资源环境协调发展的新发展观，既满足当代人的需要，又不对后代人满足其需要构成威胁的发展理念[1]。虽然各国对可持续农业的定义不同，但都强调不以牺牲子孙后代的生存发展权益作为换取当今发展的代价，要兼顾共同性原则、持续性原则、公平性原则，实现经济、社会和生态效益的统一[2]。

不同国家从自己的国情和区域性特征出发，形成了不同的发展模式，如法国通过培训提高农产科学经营的能力、建立环境保护试验区和农田休耕制度，促进可持续农业的推广和发展，即"以农产为中心的环保型可持续农业模式"；德国通过综合生态环境保护与农业经济发展的关系，注重对自然资源的管理，即"综合农业"模式；美国通过现代科学技术提高农产品质量，通过教育提升生态环境意识，更加注重农业生产效率，即"高效率可持续农业"模式；日本以科学地施用化肥和农药，实现生态环境保护与农业生产的协调，即"环境保全型可持续农业"模式[3]。中国自古就有"三才论""阴阳五行说"和"因地制宜、因时制宜、因物制宜"的"三宜原则"等处理人与自然关系的哲学理念[4]。自20世纪90年代以来，中国发展生态农业与国际农业可持续发展形势趋同。在《中国21世纪议程》中，强调经济、社会、人口、资源、环境等要素的相互协调，制定并实施推广农业可持续发展战略，同时还创立农业可持续发展度指标体系，对全国31个省（自治区、直辖市）进行周期性测度和排

---

[1] 彭珂珊：《农业可持续发展的作用和意义》，《科学新闻》2001年第40期。
[2] 曾维华、杨月梅、陈荣昌：《环境承载力理论在区域规划环境影响评价中的应用》，《中国人口·资源与环境》2007年第6期。
[3] 彭珂珊：《国内外农业可持续发展研究进展评述》，《北方经济》2002年第1期。
[4] 严力蛟：《中国生态农业》，气象出版社2003年版，第1—11页。

序，与国际通用标准衔接，动态监测和预警中国农业可持续发展的国家总体水平以及各省区域的发展状况[1]。

（三）循环农业研究

循环农业研究源于循环经济研究，其理论渊源是美国经济学家肯尼思·埃瓦特·博尔丁提出的"宇宙飞船经济理论"。循环农业是循环经济"3R"原则（Reduce，Reuse，Recycle）在农业中的应用，将传统农业依赖资源消耗的线性经济增长模式转变为农业资源的循环发展模式，即资源—环境和谐的经济发展模式，其理论基础是农业生态学和农业经济学[2]。冯琳以全球环保思潮的发展为脉络，将循环经济思想的演进分为三个阶段：20世纪60—80年代中期的萌芽阶段、20世纪80年代末至90年代初的诞生阶段、20世纪90年代的快速发展阶段[3]。宣亚南等提出了"循环型农业"的概念[4]，李志强阐述了农业循环经济的含义，总结了农业循环经济的四个层面结构，即农产品清洁生产结构、农业产业内交互结构、农业产业间交互结构、农产品消费循环结构[5]。姜保雨提出农业循环经济就是把可持续发展思想和循环经济理念应用于农业系统[6]。在保护农业生态环境和运用现代科技的基础上，通过整合农业生态经济系统结构、优化农业资源循环和再利用，节约生态资源、减少环境污染，提高资源利用率和生产效率，促进农业生态环境与农业经济的可持续发展。

循环农业是农业可持续发展和环境承载力研究的深化，以及在农业生产中的应用。中国学者对农业循环经济的开发模式和发展策略进行了大量研究，如吴天马提出了以生态农业建设为基础的渐进式和以有机农

---

[1] 彭珂珊：《农业可持续发展的作用和意义》，《科学新闻》2001年第40期。
[2] 曾维华、杨月梅、陈荣昌：《环境承载力理论在区域规划环境影响评价中的应用》，《中国人口·资源与环境》2007年第6期。
[3] 冯琳：《国内外循环经济研究进展及评述》，《石河子大学学报》（哲学社会科学版）2010年第3期。
[4] 宣亚南、欧名豪、曲福田：《循环型农业的含义、经济学解读及其政策含义》，《中国人口·资源与环境》2005年第2期。
[5] 李志强：《发展农业循环经济，促进农业可持续发展》，《河南农业科学》2006年第1期。
[6] 姜保雨：《论农业现代化点线面体循环经济道路》，《安徽农业科学》2006年第4期。

业建设为基础的跨越式农业循环经济发展模式①。李志强提出了立体农业循环模式、废弃物与资源循环模式、资源与能源循环模式等②。陈祥义提出了立体农业型、清洁能源型、再循环连接型、设施农业型和休闲观光型的农业循环经济模式③。姚天冲等论述了循环农业的研究与发展，并提出十种具体的发展模式④。

此外，关于农业生态环境的研究还有很多，比如农业生态位理论、农业生态适宜性理论、农业生态环境保护理论等。这些理论或研究成果从农业生态环境的角度出发，考察了农业发展的规律，以及适应人类社会发展的基本要求，提出了农业未来发展的趋势，如自然农法、有机农业、生态农业、可持续农业、生物农业、肥力农业、腐殖质农业和综合农业等，对农业生态环境保护和现代农业转型发展进行了有益探索。

二 农业经济发展方面的研究

（一）农业经济发展阶段的研究

通过不同历史时期的农业发展特征研究，有利于加强对农业现状的认识和了解，增强社会各部门对本区域农业经济特征的把握，为农业与其他产业的互动提供政策依据和理论基础。农业经济发展阶段研究具有代表性的是西奥多·舒尔茨的"农业现代化理论"、约翰·梅勒的"梅勒农业发展阶段论"、韦茨的"韦茨农业发展阶段论"和速水佑次郎"速水农业发展阶段论"⑤。"农业现代化理论"指出传统农业不具备迅速稳定增长的能力，出路在于实现传统农业向农业现代化转变；"梅勒农业发展阶段论"从农业投入的角度提出农业的传统阶段、低资本技术阶段和高资本技术阶段划分；"韦茨农业发展阶段论"依据美国农业发展历

---

① 吴天马：《循环经济与农业可持续发展》，《环境导报》2002年第4期。
② 李志强：《农机作业社会化服务模式的创新与实践》，《江苏农机化》2015年第2期。
③ 陈祥义：《发展农村循环经济有效解决农村面源污染问题》，《商场现代化》2006年第2期。
④ 姚天冲、余恋、赵维众：《发展循环农业经济的法律思考》，《农业经济》2006年第3期。
⑤ 胡霞：《中国农业成长阶段论：成长过程、前沿问题及国际比较》，中国人民大学出版社2011年版，第12—51页。

程，把农业专业化生产与收入联系起来，将农业发展划分为以自给自足为特征的维持生存农业阶段、以多种经营和增加收入为特征的混合农业阶段、以专业化生产为特征的现代商品农业阶段；"速水农业发展阶段论"指出农业发展分为三个阶段，一是以增加生产和市场粮食供给为特征的发展阶段，提高农产品产量的政策在该阶段居于主要地位；二是以着重解决农村贫困为特征的发展阶段，通过农产品价格支持政策提高农民的收入水平是这个阶段农业发展的主要政策；三是以调整和优化结构为特征的发展阶段，农业结构调整是这一阶段农业政策的主要目标[1]。

（二）农业多功能性的研究

20世纪八九十年代日本为了保护和传承其"稻米文化"，提出了农业多功能性问题。农业多功能性是指农业具有经济、政治、社会、文化和生态等多方面的含义，包括农用自然资源、农业生产过程和农副产品三类要素，体现在经济功能、政治功能、社会功能、文化功能和生态功能。农业多功能性的源头是土地的多效用性，并由土地资源边际效用决定的土地资源价值量来衡量[2]。1992年，联合国环境与发展大会在《21世纪议程》明确了农业多功能性概念，即农业功能多样化，在农业为社会提供粮食和原料等基本职能的基础上，不断拓展出文化、环境、社会等延伸功能；1996年，世界粮食首脑会议在《罗马宣言和行动计划》中提出将考虑农业的多功能特点，促进农业和乡村可持续发展；1999年，联合国粮农组织在马斯特里赫特召开了100多个国家参加的国际农业和土地多功能性会议，研讨和总结了农业多功能性是现代农业的基本特征，农业发展不是一元目标，而是多元目标的整合，体现了"生产—生态—生活"的一体化发展理念[3]。通过农业多功能性研究，充分发挥农业在农产品生产的主导作用，促进经济社会的发展、历史文化的

---

[1] 农业部软科学委员会课题组：《中国农业进入新阶段的特征和政策研究》，《农业经济问题》2001年第1期。

[2] 薛继亮、李录堂：《传统农区乡村再集体化的现实需要及其实现路径》，《现代经济探讨》2011年第2期。

[3] Yoshida K., "Economic valuation of multifunctional roles of agriculture in hilly and mountainous areas in Japan", *Journal of Political Economy*, Vol. 5, No. 152 – 174, May 2001.

传承、人与自然的和谐发展，激发农业各功能相互依存、相互制约、相互促进[①]。

（三）农业经济诱导技术创新研究

"诱导创新"是由约翰·希克斯首先提出，即生产要素中相对价格的变化本身就是对发明的刺激。速水佑次郎和佛农·拉坦将诱导创新理论与农业经济相结合，提出农业经济诱导技术创新理论，即现代农业的发展依赖于农业生产率的持续提高，而农业生产率的提高取决于现代农业技术的进步，自然资源禀赋、文化状况、技术和制度相互影响、共同作用，促进农业发展形成完整的理论体系[②]，并且技术创新是一般均衡关系的核心要素。中国学者在农业经济诱导技术创新方面开展了探索与实践，如罗富民等在《论诱导创新推动下的产业发展与农业现代化》中指出，内生性创新是化解现代农业发展问题的重要途径，外生性创新只是现代农业实现可持续发展的辅助手段。

此外，关于农业经济发展的研究还有很多，比如城乡统筹理论、改造传统农业理论、农业产业结构理论、农业比较优势理论和农业区域分工理论等。这些理论或研究成果从农业经济发展的角度出发，考察了农业经济的基本构成要素、现代化特征，以及未来发展的途径和理论依据，为现代农业发展提供了参考和帮助。

三 农业生态环境与农业经济关系的研究

农业生产的本质就是以经济为目的，有计划地对生态系统进行改造和利用的过程。农业生态经济系统是由农业生态环境子系统和农业经济子系统耦合而成的复合系统，两个子系统在理论研究和认识上可以分而置之，但在现实生产生活中二者浑然一体、不可分割。两个子系统通过物资流、信息流、价值流、能量流等相互沟通、相互依赖、相互作用，是一个有机整体。国内外关于农业生态经济系统的相关研

---

① 杨祥禄：《拓展农业的多功能性 大力发展创意农业》，《四川农业与农机》2014年第5期。

② 曾维华、杨月梅、陈荣昌：《环境承载力理论在区域规划环境影响评价中的应用》，《中国人口·资源与环境》2007年第6期。

究成果很多，比较有代表性的有：农业系统科学研究、能流与能值研究、评价与管理研究、区域性研究、结构与功能研究、技术体系与模式研究等。

(一) 农业系统科学研究

农业系统科学是通过多学科交叉，将农业生产与现代高新科学技术相结合，以实现农业经济效益、社会效益和生态效益最大化为目标，对农业资源综合高效利用的开发模式研究。有代表性的研究包括农业系统耗散结构理论、农业系统动力反馈理论和农产循环系统技术理论等。William D., Markandya A. and Edward B. 首次提出绿色经济概念，将可持续发展农业理念引入生态环境与经济发展的辩证系统中[1]。中国学者任继周等在普利高津（Prigogine）的耗散结构理论基础上，提出了农业耗散结构系统概念。农业耗散结构系统是一个非平衡的开发系统，具有非线性特征，系统通过与环境进行不断的物质、能量和信息交换而产生一种远离平衡态的动态平衡，从而使系统保持一种时间、空间及功能上的有序结构。任继周等还首次在农业系统生态学内对系统耦合的概念进行了界定，即两个或两个以上性质相近似的生态系统具有相互亲和的趋势，当条件成熟时，可以结合为一个新的、高一级的结构—功能体。从农业系统动力学的角度看，吴文良等认为农业耦合系统是一个具有系统动力学特征的非平衡开放系统，系统内部各子系统之间以及子系统要素之间存在多重信息反馈环，而且农业耦合系统的这些反馈环相互交叉，形成复杂的反馈关系网络[2]。沈镭依托农产循环系统技术理论，将农作系统研究应用到整个农业产业领域，其基本原理是以良性循环的农业生产为前提，在充分发挥特定区域资源优势的基础上，实现系统内能量多级流动与物质多级循环，从而获得更高的效益[3]。

---

[1] William D., Markandya A. and Edward B., *Blueprint for a Green Economy*, Oxford: Taylor & Francis Group, 1989, p. 6.

[2] 吴文良、孟凡乔：《国际有机农业运动及中国生态产业发展探讨》，《中国蔬菜》2001年第3期。姜子昂：《基于绩效耦合的天然气业技术创新体系研究》，博士学位论文，西南交通大学，2007年，第35—36页。

[3] 沈镭：《资源的循环特征与循环经济政策》，《资源科学》2005年第1期。

(二) 能流与能值研究

奥德姆兄弟最早认识到把能流作为生态学原理的重要意义，并使生态学与经济学结合起来，发展了人类生态学。在 20 世纪 80 年代，他们将生态系统内流动和储存的各种不同种类的能量和物质转换为同一标准的能值，进行定量分析研究，创立了能值理论与方法[1]。闻大中通过对农业生态系统能流研究和农业生态系统多样性分析，描述了农业生态系统多样性特征的指标体系和能流研究方法，并提出了相关政策建议[2]。蓝盛芳等通过农业生态经济系统自然属性和经济特征的相互关系分析，构建了农业生态的能值分析指标体系，解决了不同能质的能量无法计量分析的难题[3]。陆宏芳等从投入—产出视角出发，以能值理论提出一系列农业生态经济系统评价指标，实证研究了顺德区农业系统 22 年的发展变化规律[4]。此外，国内还有许多学者运用能值理论开展的省域农业生态经济系统研究课题，比如吴磊等运用能值分析方法对湖南省农业生态经济系统进行分析[5]，王闰平等对山西省农业生态经济系统进行分析[6]，潘安等对四川省农业生态经济系统进行能值分析[7]，吴伟程等对江西省农业生态经济系统进行能值分析[8]，以及王建源、刘继展、王明全和刘自强等分别对山东、江苏、东

---

[1] 吴泽宁、吕翠美、胡彩虹：《水资源生态经济价值能值分析理论方法与应用》，科学出版社 2013 年版，第 12—16 页。
[2] 闻大中：《农业生态系统能流的研究方法（一）》，《农村生态环境》1985 年第 12 期。
[3] 蓝盛芳、钦佩：《生态系统的能值分析》，《应用生态学报》2001 年第 1 期。
[4] 陆宏芳、沈善瑞、陈洁：《生态经济系统的一种整合评价方法：能值理论与分析方法》，《生态环境》2005 年第 1 期。
[5] 吴磊、向平安：《湖南农业生态经济系统能值分析》，《湖南农业科学》2011 年第 17 期。
[6] 王闰平、荣湘民：《山西省农业生态经济系统能值分析》，《应用生态学报》2008 年第 10 期。
[7] 潘安、胡丽慧、王佑汉：《四川生态经济系统可持续发展能值分析》，《统计与决策》2008 年第 11 期。
[8] 吴伟程、徐水太：《江西省农业生态经济系统能值分析》，《安徽农业科学》2009 年第 31 期。

北和新疆等省（自治区）的农业生态经济系统进行了能值分析与研究①。

（三）评价、管理与预测研究

农业生态经济系统的评价、管理和预测研究从管理学的视角出发，定性评价系统的稳定性、多样性和均衡性，依据研究目标和区域差异，构建评价指标体系，以经济效益、社会效益和生态效益为测量对象，定量分析系统的生产条件、生产结构和生产水平等。曹明宏等评价经济社会系统与生态环境系统的交互机制与类型，认为解决湖北农业"生态—经济"机制损缺的关键在于大力发展绿色农业，走农业持续发展道路②。任志远等通过对陕西农业生态环境与经济协调发展的研究，提出农业可持续发展的战略模式③。王继军等通过对陕西省纸坊沟流域农业生态经济系统耦合态势的评价和预测分析，提出了该区域调整产业布局、发展草畜产业等对策与思路④。文传甲将农业的自然属性与社会属性相结合，对三峡库区农业生态经济系统进行了预警分析⑤。

（四）结构与功能研究

农业生态经济系统的结构研究包括动植物种群结构、营养结构、时空结构、水土资源结构和农业及相关产业结构等。系统的稳定性源于系统内各结构体的多层次性和结构复杂性，为研究系统的稳定性和发展规律，金则新等开展了浙江天台山七子花群落优势种群结构及物种多样性研究⑥，杨艳昭等针对水土资源结构开展了内蒙古水土资源平衡及其水资

---

① 转引自魏晶晶、方江平、代松家：《中国农业生态经济系统能值研究综述》，《现代农业科技》2014年第23期。

② 曹明宏、雷书彦、姜学民：《论生态经济良性耦合与湖北农业运作机制创新》，《湖北农业科学》2000年第6期。

③ 任志远、黄青、李晶：《陕西省生态安全及空间差异定量分析》，《地理学报》2005年第4期。

④ 王继军、姜志德、连坡：《70年来陕西省纸坊沟流域农业生态经济系统耦合态势》，《生态学报》2009年第9期。

⑤ 文传甲：《三峡库区大农业的自然环境现状与预警分析》，《长江流域资源与环境》1997年第4期。

⑥ 金则新、柯世省：《浙江天台山七子花群落主要植物种类的光合特性》，《生态学报》2002年第10期。

源承载能力研究①，袁璋等以中国中部地区为考察对象，对农业产业结构演进及调整优化方向进行了研究②。农业生态经济系统的功能研究主要是经济功能和生态功能的研究，经济功能和生态功能通过系统内的能量流动、价值交换、信息传递等得以实现，是现代市场经济体系的重要组成部分。

（五）区域性研究

中国幅员广阔，区域间地理和气候差异造成了农业自然资源、农业生态环境、经济社会发展水平等的差异性，为开展农业生态环境与农业经济研究提供了实践基础。农业经济社会发展与农业自然资源和生态环境保护的统一性和矛盾性使农业生态经济系统的区域性研究显得尤为重要。刘新平等、王继军等、贾蕊等、任志远等、隋维钧等分别对塔里木河流域③、陕西纸房沟④、山西省域⑤、陕西省域⑥和兴安盟⑦等地的农业生态经济系统进行了区域性研究，揭示了不同农业生态经济区域的发展状况和特点，以及存在的问题，提出了对农业资源环境利用、保护、管理的对策和措施，指导农业生产和发展。

（六）技术体系与模式研究

在农业生态经济系统结构功能逐渐调整的过程中，所采用的技术体系和运行模式就会逐渐稳定下来，并使农业发展有效运转，获得良好的经济、社会和生态效益。经过多年的实践和研究，中国农业生态经济系

---

① 杨艳昭、张伟科、刘登伟：《内蒙古水土资源平衡及其水资源承载能力》，《干旱区地理》2008年第3期。

② 袁璋、许越先、吴凯：《中国中部地区粮食生产地位及可持续发展的初步分析》，《农业技术经济》2006年第4期。

③ 刘新平、孟梅：《土地持续利用与生态环境协调发展的耦合关系分析——以塔里木河流域为例》，《干旱区地理》2011年第1期。

④ 王继军、姜志德、连坡：《70年来陕西省纸坊沟流域农业生态经济系统耦合态势》，《生态学报》2009年第9期。

⑤ 贾蕊、梁银河、朱新民：《山西省农业资源环境与经济协调发展评价与对策研究》，《国土与自然资源研究》2007年第4期。

⑥ 任志远、黄青、李晶：《陕西省生态安全及空间差异定量分析》，《地理学报》2005年第4期。

⑦ 隋维钧、李海峰、张显明：《兴安盟发展生态农业的视角与模式探讨》，《内蒙古农业科技》2007年第2期。

统呈现出不同区域系统模式的多样性和技术手段的多样性。骆世明对中国农业生态经济系统的技术体系和模式进行了归纳总结，如农业环境综合整治技术、农业资源的保护与增值技术、小流域综合利用技术、立体种养技术、庭院资源综合利用技术、再生资源利用技术、农业副产物利用技术和有害生物的综合防治技术等[①]。

四 研究述评

（一）农业生态环境或农业经济单向度研究的局限性

现阶段，农业生态环境或农业经济方面的研究成果丰硕，农业可持续发展、环境承载力、循环农业、农业经济发展阶段、农业多功能性、农业经济诱导技术创新等研究视角的纵深研究对中国农业生态环境保护和农业科学发展提供了理论依据和实践方法。但是，在中国农业转型发展时期，农业生态环境问题却不断凸显，农业经济持续增长乏力，二者在相互博弈发展过程中，负向效应明显增强，即农业经济增长以农业资源过度消耗和生态环境的恶化为条件，并且农业生态环境的恶化又限制或阻碍了农业经济的发展，二者不但没有相向而行，反而有进入恶性循环的迹象。如果继续沿用单向度农业生态环境视角或农业经济视角来分析问题，唯恐不利于现阶段农业生态困境的解决和农业的可持续发展。因此，打破研究惯性，跳出单向度研究的局限性是非常必要的。同时，借鉴较为成熟的系统论和协同学思想，从农业生态环境与农业经济构成的农业生态经济系统观的角度出发，对现阶段农业生态问题运用系统研究方法，通过实证量化分析，综合前人的相关理论成果，破解现实问题也是可行的。

（二）农业生态经济系统研究需要深化

关于农业生态环境或农业经济方面的研究已有近百年的历史，而将二者进行系统研究却肇始于20世纪80年代末，由任继周院士将系统耦合

---

① 骆世明：《农业生态学近年研究领域与研究方法综述》，《生态农业研究》1999年第1期；骆世明：《农业生态学的国外发展及其启示》，《中国生态农业学报》2013年第1期；骆世明：《论生态农业模式的基本类型》，《中国生态农业学报》2009年第3期；骆世明：《论生态农业的技术体系》，《中国生态农业学报》2010年第3期。

概念引入农业系统科学，开创了农业生态经济系统研究。相关研究已经从农业生态环境保护和农业经济发展的重要性、内涵、构成要素和区域性策略选择等方面，转向农业生态经济系统的能流与能值研究、评价与管理研究、区域性研究、结构与功能研究、技术体系与模式研究等。然而，在实践中更多地体现出单向度的研究取向，缺乏协同思想的要素关系和主体行为分析，缺少经济社会视角下的系统研究。实际上，在经济社会发展过程中，构成农业生态经济系统的各要素之间，以及行为主体之间相互博弈的最终目标是一致的。如果能在系统的观点下研究农业生态环境与农业经济耦合协同发展问题，从资源、环境、人口、技术、制度等方面深刻剖析二者的联动机制，推进系统的协同发展，探寻要素间的逻辑关系和主体行为特征，可以有效促进农业可持续发展。

（三）农业生态环境与农业经济耦合协同发展研究思路

农业可持续发展是一个系统工程，这个系统不仅是资源、环境、人口、技术、制度等要素的博弈结果，也是农业生态环境子系统和农业经济子系统相互作用的产物。农业经济的发展取决于农业生态、农业资源、相关技术和制度，以及人口等因素，并作用于农业生态环境。同时，农业生态环境又反作用于农业经济的发展，二者相互影响，彼此作用。在农业生态经济系统中，如果以单向度的研究视角看待农业生态环境问题或农业经济问题，而对两个子系统的逻辑关系、耦合原理、协同发展机制不进行深入的分析和研究，就不能真正解决农业环境、农业资源、农业技术和农业制度等要素之间的互动机制问题。（因此，将农业生态环境和农业经济等现实问题置于大系统中考量，并通过对宏观层面下的微观影响要素和主体行为分析，这对于研究农业生态环境与农业经济耦合协同发展是一个必要的选择。）

综上，农业可持续发展问题的要素逻辑关系与微观行为研究需要对农业经济实施外部生态环境的影响分析，农业生态环境领域的政策设计需要农业经济要素与微观行为的效力得到合理释放，这两个问题的研究需要对农业生态环境和农业经济协同关注。同时，农业生态环境与农业经济受到经济、政治、社会、文化、人口、自然等因素的综合作用，且两个子系统之间的物质流、能量流、信息流和价值流存在天然的联系，应该以大系统的观点统筹全局，从耦合协同的角度实施研究，将协同发展思想作为农业生态经济系统研究的重要方法论,一定程度上把农业生态环境与农业经济的研究成果有效对接,拓展系统论和协同思想在农业生态经济中的应用与研究。

第五节 研究内容和技术路线

一 研究内容

本书内容分为九个部分。

第一,主要是分析农业生态环境与农业经济耦合系统协同发展的研究背景,阐释研究目标和意义,通过界定研究范围,廓清研究对象和相关概念,进行国内外研究综述,并阐述本书的研究方法,勾勒出研究的技术路线,对可能的创新点进行概括和介绍。

第二,通过对国内外农业生态环境与农业经济的相关研究成果进行检索、收集和梳理,深入分析国内外农业生态环境与农业经济的研究现状和理论前沿,拓展相关理论对本书的适用性,形成本书的理论基础。

第三,从理论上明确农业生态环境系统与农业经济系统的结构、功能、特征和目标,探讨农业生态环境系统与农业经济系统的要素逻辑关系、结构逻辑关系、功能逻辑关系和逻辑关系的规律等,分析农业生态环境与农业经济耦合系统的结构、耦合特征和耦合潜势等耦合原理。

第四,通过农业生态环境与农业经济耦合系统的目标、内容和特征分析,探求耦合系统的协同发展机理和协同发展效应,以及市场行为、政府行为和农户行为等主体行为对耦合系统协同发展的影响。

第五,通过对河南省农业生态环境与农业经济的现状分析,剖析河南省农业生态环境与农业经济存在的问题,并对二者协同发展过程中存在问题的原因进行探讨。

第六,在农业生态环境与农业经济耦合系统协同发展理论分析的基础上,提出耦合系统协同发展评价的逻辑思路,构建耦合系统的评价指标体系,对河南省农业生态环境与农业经济耦合系统协同发展状况和协同发展效应进行量化分析。

第七,通过农业生态环境与农业经济耦合系统协同发展的主体行为分析,探讨影响耦合系统协同发展的市场行为与政府行为的背离与统一,以及二者对农户行为的影响,并运用二元 Logistic 回归模型判断农户行为对耦合系统协同发展的影响。

第八,在河南省农业生态环境与农业经济耦合系统协同发展实证研究的基础上,得出推进河南省农业生态环境与农业经济耦合系统协同发展的对策建议。

第九,通过农业生态环境与农业经济耦合系统协同发展的理论研究和实证研究,归纳总结耦合系统协同发展的结论,并展望未来相关研究的努力方向。

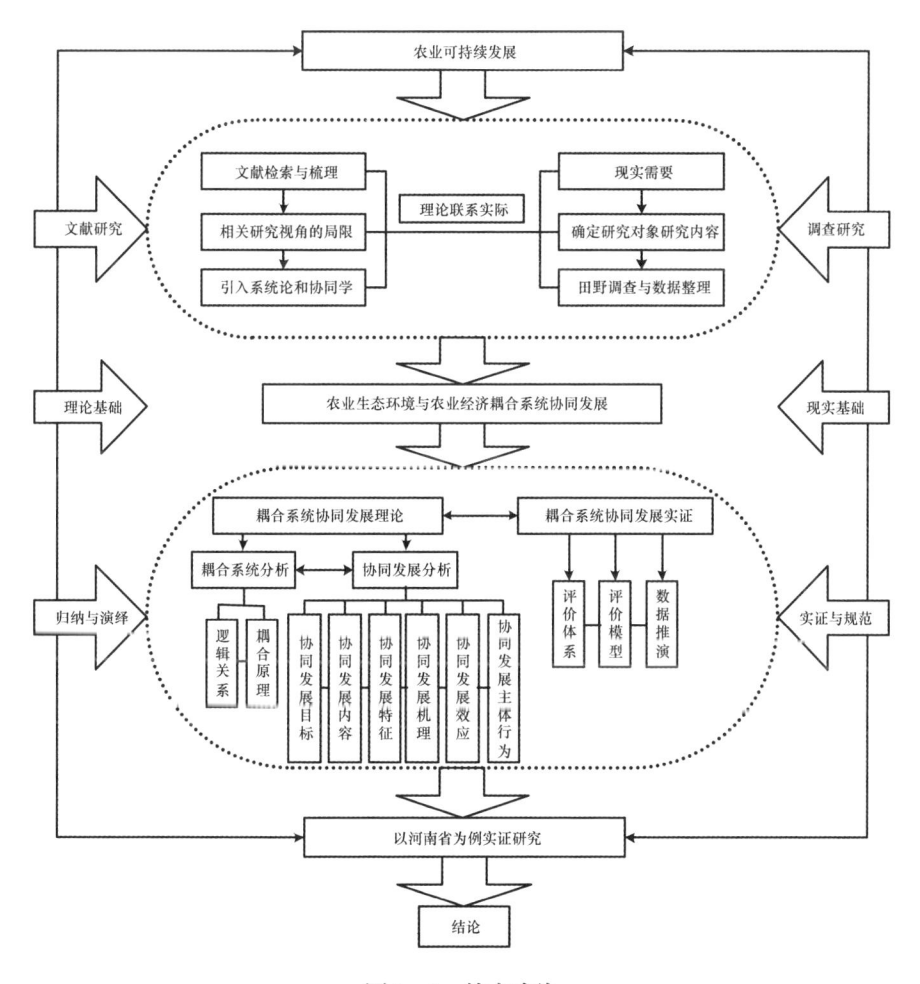

图1—1 技术路线

二 技术路线

按照科学研究的一般思路和过程，从农业生态环境与农业经济的实际着手，运用调查研究、文献研究、归纳与演绎、实证与规范等研究方法，借鉴相关理论研究和实证研究成果，理论与实践相结合，剖析河南省农业生态环境与农业经济发展现状，以二者耦合协同发展的思想提出推进农业可持续发展的研究设想。基于此，应用系统论和协同学思想，构建河南省农业生态环境与农业经济耦合系统协同发展评价指标体系和评价模型，探寻耦合系统协同发展运行机制，分析政府行为、市场行为和农户行为等主体行为对耦合系统协同发展的影响。本书重点关注河南省农业生态环境与农业经济耦合协同发展问题，依据1995—2013年河南省相关统计资料和田野调查数据，采用理论联系实际的研究技术路线（见图1—1）。

第六节 研究方法和资料数据来源

一 研究方法

（一）文献研究法

收集和整理文献资料是进行研究的前提与基础。在研究初期，依据选题和研究目标，通过文献研究，对国内外农业生态环境与农业经济的相关研究进行检索、梳理和分析，关注农业生态环境与农业经济的逻辑关系、耦合原理和协同发展机理，归纳总结农业生态学、农业经济学和农业系统科学在农业生态环境与农业经济研究中的相关理论成果，重点把握"耦合协同原因""耦合协同测度"和"耦合协同途径"等研究领域，作为本书的研究基础。

（二）调查法

为了解河南省农业生态环境与农业经济的现状，以及影响二者的各种因素及其相关程度，需要对相关人群（如政府行政人员、基层管理者、相关学者和农民等）进行访谈和问卷调查。走访河南省农业厅、河南省环境保护厅、河南省气象局、河南省水文水资源局和新乡市测绘局等政府部门，对研究对象增进全面的认知和把握，为研究方案的设计和研究内容的展开提供依据。对河南省18个行政区划的89个村进行800多个样本问卷调查,获取第一手资料,支撑和印证理论研究设想。

(三)定性分析法

通过对农业生态环境与农业经济进行"质"的方面的分析,运用归纳和演绎、分析与综合以及抽象与概括等方法,对获得的各种材料进行思维加工,从而能去粗取精、去伪存真、由此及彼、由表及里,剖析河南省农业生态环境与农业经济的逻辑关系、耦合原理、协同发展机理,为构建评价指标体系和评价模型及后续实证分析奠定基础。

(四)实证分析法

在文献研究、调查研究和定性分析的基础上,获取并整理河南省农业生态环境与农业经济的相关数据资料,按照系统论和协同学思想,构建农业生态环境与农业经济耦合系统评价指标体系,运用系统综合评价模型、耦合协同状况评价模型、耦合系统协同发展效应评价模型(DEA)和二元Logistic回归模型,借助计量经济学软件SPSS18.0和DEAP2.1,以及Excel2007等进行模型数据的推演分析。

二 资料数据来源

相关研究的中文文献资料主要来源于知网数据库、万方数据库和中文科技期刊数据库等,相关研究的外文文献资料主要来源于世纪外文图书全文数据库、国道外文专题数据库和Springer电子期刊等。河南省农业生态环境指标和农业经济指标的相关数据主要来源于国家统计局数据库,历年的《中国环境统计年鉴》《中国农村统计年鉴》《河南统计年鉴》《河南省环境状况公报》等。通过对相关人群的访谈和调查问卷,获取影响农业生态环境与农业经济的数据资料。

第七节 本书可能的创新点

本书在国内外理论界关于农业生态环境与农业经济相关研究成果的基础上,试探性地提出三个可能的创新点:首先,从宏观区域农业生态环境与农业经济耦合系统研究转向微观层面的影响要素和主体行为研究,拓展农业生态环境和农业经济的单向度研究视角,更加关注相关影响要素和行为主体对耦合系统协同发展的作用；其次，在充分认识耦合系统评价指标体系重大意义的前提下，依据指标体系构建原则，构建指标体系框架，凸显微观影响要素对宏观系统的影响与作用，在 PSR 模型和 DFSR 模型的基础上提出改进的 DFSR 模型，即与主体行为的纵向维度、横向维度和时间维度等三个层面更加契合的"驱动力—状态—响应"评价指标体系，更好地服务于区域农业生态环境与农业经济耦合系统的评价；再次，在深刻分析市场行为与政府行为对耦合系统协同发展"二律背反"现象的基础上，提出农户行为是市场行为与政府行为共同作用下的直接力量，并通过计划行为理论（TPB）开展农户行为的实证研究，为区域农业生态环境与农业经济耦合系统协同发展提供针对性的对策依据。

第二章

理论基础

农业生态环境与农业经济耦合系统协同发展研究是一个以追求农业经济效益、社会效益和生态效益为综合目标的多学科相互交叉，并与农业生产实际广泛联系的理论研究和实践方法探索。耦合系统协同发展的理论来源于实践并指导实践，而其理论在实践中不断丰富和发展，具体包括了农业生态学理论、农业经济学理论和农业系统科学理论三个宏观层面的理论，以及生态位理论、生态系统生态学理论、景观生态学理论、农业生产经济学理论、资源优化配置理论、循环经济理论、农业系统耗散结构理论和农业系统耦合理论八个微观层面的相关理论。

第一节 农业生态学理论

生态学（Ecology）的词源是希腊词"Oikos"（住所和栖息地）和"Logos"（学科），即研究生物栖息和环境的科学。1866年，德国生物学家海克尔在《有机体的普通形态学》一书中对生态学首次做出定义：生态学是研究生物与环境之间相互关系及其作用机理的学科；1952年，美国生物学家奥德姆在《生态学基础》一文中围绕生态系统构建研究框架，开创性地建立了相对完整的生态学；1978年，考克斯发表《农业生态学》一书，标志着农业生态学的建立[①]。农业生态学的相关理论对正确

---

① ［美］大卫·福特：《生态学研究的科学方法》，肖显静、林祥磊译，中国环境科学出版社2012年版，第2—7页。

处理农业生态环境系统内部各要素间的关系，以及农业生态环境与农业经济耦合系统协同发展问题具有重要指导意义。

一 生态位理论

生态位（Ecological niche）是指在特定的时空范围内，某一种群在生态系统中占据的位置及与相关种群的关系。生态位理论与农业生态环境系统的结构、功能、特征等研究关系密切，是影响耦合系统协同发展的重要理论支撑。在生态位理论中最具影响力的是格林尼尔的空间生态位理论，尼尔顿的功能生态位理论和哈奇森的超体积生态位理论[1]。中国学者张光明等在总结国内外相关研究成果的基础上，提出了得到学术界较为认可的生态位定义[2]，林开敏等进一步提出了扩展生态位理论[3]，李契等通过对生态位理论的梳理，展望了生态位测度的研究前沿[4]，这些理论成果集中反映了在特定环境中不同物种的特定职能地位，体现为物种对环境的影响与要求，以及物种与环境的关系与规律。

1910年，美国学者R. H. 约翰逊第一次在生态学论述中使用生态位一词。1917年，J. 格林内尔的《加州鸫的生态位关系》一文使该名词流传开来，但他当时所注意的是物种区系，所以侧重从生物分布的角度解释生态位概念，后人称之为空间生态位。1927年，C. 埃尔顿著《动物生态学》一书，首次把生态位概念的重点转到生物群落上来。他认为："一个动物的生态位是指它在生物环境中的地位，指它与食物和天敌的关系。"所以，埃尔顿强调的是功能生态位。1957年，G. E. 哈钦森建议用数学语言、用抽象空间来描绘生态位。

生态位理论在农业发展研究与农业生产实践中得到广泛应用，对农业生态环境与农业经济耦合系统协同发展研究具有重要意义。首先，从高度认识生态位对农业生态环境与农业经济的影响，到合理利

---

[1] 王留芳：《农业生态学》，陕西科学技术出版社1994年版，第18—25页。
[2] 张光明、谢寿昌：《生态位概念演变与展望》，《生态学杂志》1997年第6期。
[3] 林开敏、郭玉硕：《生态位理论及其应用研究进展》，《福建林学院学报》2001年第3期。
[4] 李契等：《生态位理论及其测度研究进展》，《北京林业大学学报》2003年第1期。

用现有生态位，提高生态位利用效率，再到积极开发潜在生态位[①]。其次，将生态位研究和应用视角从农业生物内部转向农业环境，引进外部生态位因子，改变或影响现有生态位因子或潜在生态位因子，促进农业生产成本下降或生产效益的提升[②]。最后，在生态位理论的实践应用过程中，可以通过有针对性地改变基础生态位，将原本生态元不适应的成分改造成为生态元的生态位；以不同作物间作提高生态位效能；降低或减少农药、化肥、农膜等"石油农业"元素的投入，以生物除草、生物灭虫和有机肥料的循环利用等生态元改变现有农业生态环境恶化的趋势。

二　生态系统生态学理论

生态系统的概念由英国植物生态学家坦斯利首先提出：在特定的时空范围内，生态系统就是生态学上的结构功能单位，生物与环境统一于生态系统，其结构完整、功能统一而不可分割，系统内各要素通过能量流动、物质循环和信息传递而相互联系、相互影响、相互依存，并形成具有自我组织和自我调节功能的复合体[③]。以生态系统生态学理论为基础，相关学者在20世纪70年代开展了人类活动与生物圈关系研究，80年代开展了人类活动对地球系统生物的物理和化学作用过程研究，90年代开展了人类可持续发展研究，21世纪以来，生态系统生态学更加关注生态系统的服务功能、生物多样性和可持续发展等问题，成为推动生态学研究的重要驱动力。

生态系统生态学理论在农业方面的研究与应用集中体现在促进人类利用不同生物种群之间，以及生物与环境的相互关系，按照经济社会发展需要，对物质生产形塑成为一个有机整体，合理配置生产者、消费者和分解者的组成，将各要素的营养关系、链状结构和统一功能整合到生态系统的能量流动、物质循环、信息传递和价值交换的过程中，形成系

[①] 刘建国：《生态位理论的发展及其在农村生态工程建设中的应用原则》，《农业现代化研究》1987年第6期。

[②] 章熙合：《农业生态系统中新物种引进的初步探讨》，《生态学杂志》1990年第2期。

[③] [丹] S. E. 约恩森：《生态系统生态学》，曹建军等译，科学出版社2011年版，第2—8页。

统内部的自我调节反馈机制，促进系统有序可持续发展。因此，农业生态系统是自然系统与人工系统的整合，是自然规律与经济社会发展规律的统一，生态系统生态学理论为农业生态环境与农业经济耦合系统协同发展研究提供了坚实的理论基础。

三　景观生态学理论

景观生态学（landscape Ecology）是较生态系统生态学更高一层次的研究，更加强调空间格局对生态系统的结构、功能、特征和演变过程的影响，已成为生态学的前沿学科之一。景观生态学研究是在相对于生态位概念上的更大时空范围内，由若干个不同的生态系统相互影响、彼此作用和动态演变的规律①。景观生态学依托整体性原理、异质性原理、尺度性原理、景观结构镶嵌性原理、景观生态流与空间再分配原理、景观演化的人类主导性原理、景观的文化性原理和景观多重价值原理等，已经形成较完备的理论体系，如耗散结构与自组织理论、等级系统理论、景观连接度与渗透理论、空间异质性与景观格局理论、空间镶嵌与生态交错带理论等。

中国景观生态学从国外引入已经30余年，从最初的"摸索、酝酿、消化和吸收阶段"（20世纪80年代以前到1988年），发展到"实践、发展、思索和创新的新阶段"（1989年至今），形成了多方面系统分析中国景观生态学研究的特点②。景观生态学耗散结构与自组织理论和异质性研究的相关概念有助于农业生态环境与农业经济耦合系统的协同发展研究。如农业生态环境概念的阐释就借鉴了景观生态学的耗散结构与自组织理论。空间异质性与景观格局理论为系统间（农业生态环境系统和农业经济系统）及系统内组成要素（人口、资源、环境、物质、资金和技术）配置关系、结构、功能和特征分析提供了有力的理论工具。景观生态学的定量识别与研究方法，以及基于"格局—过程"耦合的生态服务评价模型为本书的模型分析提供了重要参考。

---

①　张娜：《景观生态学》，科学出版社2014年版，第1—2页。
②　陈利顶、李秀珍、傅伯杰：《中国景观生态学发展历程与未来研究重点》，《生态学报》2014年第12期。

第二节 农业经济学理论

农业经济学（Agircultural Economy）是研究与农业相联系的交换、分配、消费等经济活动，以及农业生产过程中的生产关系与生产力的相互作用与运动规律的学科[①]。农业经济学伴随着人类农业生产活动的发展而不断演进，中国古代农业经济思想与欧洲相类似，都提出了"重农轻商""藏富于民""富国安民""减租减息""天时与地利""改良农业技术""精耕细作"等农耕理念。伴随着欧洲资本主义农业的发展，现代意义的农业经济作为社会科学研究逐渐形成并不断完善。18世纪中期，英国因工业革命带动农业产业发展，并出现了以研究农业问题为核心的专著《农业经济》；19世纪中期以后，德国在农业问题研究方面较英国有了更大的突破，在农业生产、经营中开始运用抽象方法进行区位配置研究；20世纪之后，美国的相关研究引领了全球农业经济学发展方向，特别是农业经济受1929年全球经济大萧条的影响，市场的剧烈波动推动了农业经济研究开始转向农产品市场预测和政府宏观调控等方面；20世纪50年代以后，伴随着计算机技术的发展，农业经济学趋向于统计分析、定量分析和数学模型等方法的研究与应用，并推动现代农业经济学向更加专门化和精细化的方向发展[②]。就本书而言，农业经济学理论包括农业生产经济学理论、资源优化配置理论和循环经济理论等能够为农业生态环境与农业经济耦合系统协同发展研究提供理论支撑和实践帮助。

一 农业生产经济学理论

农业生产经济学（Economics of Agricultural Production）以农业生产实践为基础，以经济学理论为指导，研究农业生产和经营过程中资源的优化利用和合理开发，以及生产、分配、交换和消费等各部门之间的

[①] 李秉龙、薛兴利：《农业经济学》，中国农业大学出版社2009年版，第3—5页。
[②] ［日］速水佑次郎、［美］弗农·拉坦：《农业发展：国际前景》，吴伟东、翟正惠译，商务印书馆2014年版，第55—63页。

关系与规模等问题，为农业生产实践和农业生产决策提供参考和依据①。德国经济学家林克曼在《农业经营经济学》一书中探讨了德国农业生产和经营的特点，系统化地阐释了农业经营制度理论，标志着农业生产经济学雏形的形成。美国经济学家布莱克（J. D. Black）在其所著《农业生产经济学绪论》中对美国农业发展的历史和现状进行了深入研究，较为全面地概括农业生产经营的意义、目标、方式方法和发展方向，并首次使用"农业生产经济学"概念。此后，农业生产经济学的相关理论不断丰富和发展，指导农业生产经营并取得良好效果，在经济学中具有重要的影响地位。

21 世纪以来，农业生产经济学研究发展的一个明显特点是数学方法和电子计算机在这门学科的研究中得到广泛运用。农业经济工作者用生产函数法研究投入与产出之间的数量关系，以分析轮作制、施肥、畜禽饲养方面的经济问题，以及用线性规划法研究解决畜牧业中的饲粮配合优化和农业生产部门结构优化等问题，均取得成效。另一个特点是农业生产经济学的研究对象，已从主要是农业企业内部的决策问题，扩展为对一个区域乃至整个农业部门资源开发利用、技术与经济政策的研究。农业生产经济学不仅要解决农业生产内部的决策问题，更重要的是以区域农业资源开发与利用、技术与经济关系的政策研究为导向，为本书提供了分析问题的新视角。同时，通过探讨农业资源配置的原理和方法，为农业生态环境的科学规划、合理开发利用提供方法论指导，为农业生态环境与农业经济协同发展提供理论支撑。

二 资源优化配置理论

资源优化配置（Optimal Allocation of Resources）是福利经济学的一个核心概念。英国经济学家庇古出版的《福利经济学》标志着福利经济学的创立。意大利经济学家帕累托在对庇古的福利经济学批判基础上加以补充修改，创立新福利经济学。在市场经济条件下，资源配置不以个人意志为转移，而是按照平等、竞争、法制和开放等市场原则，由市场机

---

① [美] D. L. 得贝丁：《农业生产经济学》，马鸿运译，天则出版社 1990 年版，第 6—10 页。

制调节资源的配置，即"理性经济人"按照价值规律，通过市场行为的自由竞争、自由选择和自主决定，达到供给与需求双方资源分布的自动调节，以"看不见的手"实现对社会资源的优化配置[①]。农业资源优化配置是指人们在农业实践的过程中，在对现有农业资源优势和劣势的综合评判基础上，对农业资源配置的结构、功能、特征和模式等在特定时空范围内的设计、组合、布局和改造，对区域农业资源配置"扬长避短"，促进各种农业资源优化组合，实现较好的经济—社会—生态效益。

资源的优化配置主要靠的是市场途径，由于市场经济具有平等性、竞争性、法制性和开发性的特点和优点，它能够自发地实现对商品生产者和经营者的优胜劣汰，促使商品生产者和经营者实现内部的优化配置，调节社会资源向优化配置的企业集中，进而实现整个社会资源的优化配置。因此，市场经济是实现资源优化配置的一种有效形式。资源优化配置理论为农业生态环境与农业经济耦合系统的协同发展提供了经济效益、社会效益和生态效益相统一的效益目标和为实现效益目标进行资源配置的基本方法，即通过市场机制促进各种农业资源有效、有序、合理、科学的配置。同时，资源优化配置理论中的比较优势和要素禀赋理论可以指导农业生态环境与农业经济耦合系统的资源配置"扬长避短"，也为耦合系统的评价指标体系建设提供影响要素和微观主体行为选择的理论依据。

三 循环经济理论

循环经济（Circular Economy）概念源于博尔丁提出的"宇宙飞船经济理论"，20世纪七八十年代，循环经济仅仅是一种理念，人们关心的主要是对污染物的无害化处理和采用资源化的方式处理废弃物。广义的循环经济概念是指经济、社会、资源与环境等方面在劳动力的支配下达到经济系统、社会系统和生态系统的和谐发展，实现自然资源的可持续利用和人类经济社会的可持续发展。狭义的循环经济概念强调经济社会与资源环境的协调发展，以减量化、再使用和再循环为原则，以低排放、

[①] 余永定、张宇燕、郑秉文：《西方经济学》，经济科学出版社2003年版，第189—228页。

低消耗和高效率为特征的经济发展模式①。20世纪90年代至今，可持续发展战略引领世界发展潮流，在环境保护、清洁生产、绿色消费和废弃物的再生利用等方面整合形成以资源循环利用、避免废物产生为特征的循环经济战略。中国学者在20世纪90年代开始从国外引入了循环经济的思想，结合中国资源、环境、人口、经济、社会和文化等特征，对循环经济开展了相关理论研究和实践探索。虽然学者们对循环经济的研究视角和侧重点各有不同，但对循环经济发展的基本理念是相通的，即在物质循环再生与利用的基础上，按照资源使用的减量化、再利用、资源化和再循环等原则，建立资源回收和循环利用的经济发展模式，破解经济发展的"三高一低"问题，实现生产的低消耗、低排放和高效率。

从中国粗放型经济发展的背景出发，探讨高消耗、高排放和低效率的直线型经济发展模式变革，研究循环经济模式对农业可持续发展的影响，对于促进农业生态环境与农业经济耦合协同发展具有重大的理论意义。循环经济遵循减量化、再利用、再循环的"3R"原则：减量化原则即减少进入生产和消费流程的物质，又称减物质化，预防废弃物的产生而不是产生后治理；再利用原则即尽可能多次以及尽可能多种方式地使用物品，通过再利用可以防止物品过早成为垃圾；再循环（资源化）原则即尽可能多地再生利用或资源化。资源化能够减少对垃圾填埋场和焚烧场的压力。资源化方式有原级资源化和次级资源化两种。原级资源化是将消费者遗弃的废弃物资源化后形成与原来相同的新产品，次级资源化是将废弃物变成不同类型的新产品。循环经济理论中强调从源头上保护环境、控制资源浪费和清洁生产等理念，对于耦合系统恢复自净能力、遏制生态环境恶化、实现可持续发展具有一定的启发作用和实践意义。

第三节 农业系统科学理论

"系统"一词源于古希腊语，意为由部分构成的整体。现代"系统"的定义是由若干要素以一定结构形式连结构成的具有某种功能的有机整体，体现了要素之间、要素与系统之间、系统与环境之间的关系。贝塔

---

① 杨雪锋：《循环经济学》，首都经济贸易大学出版社2009年版，第28页。

朗菲提出了"开放系统理论",全面阐释了系统论的思想,标志着系统科学理论的诞生。系统科学理论是研究系统的一般模式、结构、特征、功能和规律,寻求并确立适用于一切系统的原理和数学模型,是具有逻辑学和数学性质的跨学科综合性的科学研究与应用[①]。系统科学在农业研究与实践中的应用主要体现在农业系统耗散结构理论和农业系统耦合理论。

一 农业系统影响因素

如果用分割、孤立的知识来了解这样一个复杂系统的发展变化,在研究农业问题时,往往只重视单因子的研究,而不重视多因子的综合试验,更不能从整体出发,从部分与整体的联系中,揭示系统的运动规律。这样,就阻碍了农业科学研究的发展,也影响了对农业的改造。近20多年来,蓬勃发展的系统科学,用系统概念和系统方法研究生态,出现了系统生态学,推动了人们用系统的概念和系统的方法研究农业,推动了农业现代化的发展。

农业生产本身是一个农业生态系统,研究、建立现代化的耕作制度,必须研究不同条件下整个农业生态系统的结构和机能,明确保持各种农业生态系统中物质合理循环和能量高效率转化的途径和方法。中国农业耕作改制中的许多成功的经验,集中到一点就是注意了系统生态的合理平衡。近年来运用系统概念和系统方法研究农业基础科学的趋势也日益加强。每个农业系统都是高度复杂的,它包含着一定的组成成分。在系统生产过程中,这些成分相互联系、紧密结合,各自在自己的位置上发挥着功用以维持系统的高度有序性。并且在某种程度上,这些成分的功用还可以被其他相应成分所替代。虽然这有可能导致系统产生微小的变化,但系统并不会因此而打乱其正常秩序,这一变化同时还可以反过来,事实亦通常如此。但是,系统中某些要素的变化是有一定限度的,如果变化过于剧烈,则原系统就有可能招致破坏。农业生产一方面是生物再生产过程,而生物的生长、发育和繁殖与周围环境密切相关,因此农业系统受到气候、地形、水文、土壤和微生物等自然环境因素的限制及其综合影响。另一方面,农业又是一种经济再生产过程,还要受到社会需

---

① 吴今培、李学伟:《系统科学发展概论》,清华大学出版社2010年版,第35页。

求和经济、技术水平的制约。因此，农业系统的形成和发展还要受到社会经济技术条件的影响，发生变化。

二　农业系统耗散结构理论

耗散结构理论（Dissipative Structure Theory）是普利高津在对热力学第二定律研究的基础上提出的。一个远离平衡态的非线性的开放系统（不管是物理的、化学的、生物的乃至社会的、经济的系统）通过不断地与外界交换物质和能量，在系统内部某个参量的变化达到一定的阈值时，通过涨落，系统可能发生突变即非平衡相变，由原来的混沌无序状态转变为一种在时间上、空间上或功能上的有序状态。由于需要不断与外界交换物质或能量才能维持这种在远离平衡的非线性区形成的新的稳定的宏观有序结构，耗散结构理论指出：系统的开放特性决定了其不断地与外界进行物质交换、能量流动和信息交流，并处于"平衡态—非平衡态—平衡态"的螺旋式演化过程，表现为系统在某一参量或某几个参量的变化达到一定阈值，就有可能出现突变，即由无序状态转变为特定时空条件下的有序状态，形成新的更高一级的系统结构与特征[1]。耗散结构的有序表现为宏观结构的有序和发展变化的动态有序，并且系统的状态、结构、性能和特征向着优化的方向转变和演进。耗散结构理论在医学、社会学、教育学等学科具有广泛的适用性和应用性。

农业生态环境与农业经济耦合系统具有耗散结构的开放性特征，是典型的耗散结构系统。耦合系统保持着与外界系统的物质交换、能量流动和信息沟通，在运动中形成一定的结构—功能体，并从平衡态到远离平衡态，再到新的平衡态不断演进，按照"稳定状态—非稳定状态—稳定状态"的模式不断发展。耦合系统在与外界交流的过程中，人类经济社会和科学技术等外部因素成为耦合系统突变的重要诱因，甚至成为了耦合系统演变过程的桥梁和纽带。因此，在本书中要充分运用耗散结构理论的相关研究成果，高度重视引起耦合系统突变的因素分析和主体行为分析，深入探讨耦合系统演变的机理和方向，为耦合系统协同发展的政策研究提供依据。

---

[1] 苗东升：《系统科学精要》，中国人民大学出版社2010年版，第18页。

三　农业系统耦合理论

系统耦合概念源于物理学，是指两个相近相通、相差相异的系统，具有静态的相似性和动态的互动性，二者就具有耦合关系，对具有耦合关系的系统采取措施加以引导和强化，可以促进两个系统相互作用、相互影响，激发各自的内在潜能，实现优势互补和共同提升[1]。系统耦合理论是系统工程学的研究热点，广泛应用于机械、电子、物理、化工、软件、生态等领域。将系统耦合概念运用到资源环境系统与经济社会系统，或更广阔的系统环境中的研究方法备受理论界关注。系统耦合理论是通过多系统的相互作用，耦合形成一个新的更高一级的系统称为耦合系统，在系统论、控制论、协同学、耗散结构理论和系统动力反馈理论的基础上，研究耦合系统的协同发展机理[2]。

在科技、信息等全面以及深层次发展中，各个学科、地域以及生产部门都出现了多重交叉，耦合在多样化的交叉中具有重要的理论以及实践意义，社会大众对耦合的关注程度也在日渐提升。系统耦合就是两个及其以上性质类似的系统呈现出相互亲和的这一趋势，在相关条件以及产量适当以后，这些系统会在有机结合的基础上呈现出一个更高层次的新系统，可以将其称之为功能体。任何形式系统呈现出的平衡态只是相对的，并不是绝对的，耦合之后的新系统并不是原有各个系统的叠加，功能作用发生了明显的变化。与此同时，系统耦合具有重要的理论以及实际意义，在世界范围经济一体化发展方面起到重要作用，原有的各系统得以进化，生产潜力得以释放。

耦合系统的形成也就意味着新的结构—功能体的诞生，新的结构—功能体作为一个整体具有了更高的活力和缓冲能力[3]，其内部各构成要素潜能的释放与系统的结构、功能和特征，以及外部环境紧密相关，人们

---

[1] ［德］赫尔曼·哈肯：《协同学：大自然构成的奥秘》，凌复华译，上海译文出版社2013年版，第45—47页。

[2] 董孝斌、高旺盛：《关于系统耦合理论的探讨》，《中国农学通报》2005年第1期。

[3] 任继周、万长贵：《系统耦合与荒漠—绿洲草地农业系统——以祁连山—临泽剖面为例》，《草业学报》1994年第3期。

可以通过系统的科学管理提高耦合系统的综合效应[①]。在本书中，运用系统耦合理论分析农业生态环境系统与农业经济系统耦合或相悖的现状与成因，探讨系统耦合过程中存在的危机和系统相悖时孕育的生产潜势和机遇，从理论上深化农业生态环境与农业经济系统耦合、协同发展的机理研究，可以从实践中提升对耦合系统科学管理的针对性和有效性。

---

① 任继周、贺汉达、王宁：《荒漠—绿洲草地农业系统的耦合与模型》，《草业学报》1995年第2期。

第三章

农业生态环境与农业经济耦合系统分析

农业生态经济系统是农业生态环境系统与农业经济系统在各种行为力量作用下耦合而成的综合体。研究农业生态环境与农业经济耦合系统的特征、潜势、结构和行为基础，首先要从农业生态环境系统和农业经济系统分析入手，阐明它们的结构、功能和特征等。

第一节 农业生态环境系统

农业生态环境系统在人的需求意愿支配下，利用农业生物、非生物与环境的相互作用，以及生物种群的相互关系，建立起形式各异、发展水平不同的农业生产综合体系。由于农业生态环境系统是一种多层次的复杂系统，因生物种群的差异、时空特性的不同和人的需求目标多样性，农业生态环境系统具有不同的结构。

一 农业生态环境系统的结构

（一）总体结构

农业生态环境系统是以经营农业生物为目标，由农田生态环境系统、草原生态环境系统、森林生态环境系统和水域生态环境系统等不同的生态环境系统构成相互关联的有机网络。其中，农田生态环境系统是以农业作物为中心，由光热、土壤、水气、肥料、相关动植物和微生物等要素构成。草原生态环境系统是以草本群落为中心，由草地动植物、微生物、草原气候和无机环境等要素构成。森林生态环境系统是以林木为中心，由各种动植物、微生物和森林环境等要素构成[1]。鉴于研究区域的地理特征，本书中的水域生态环境系统主要是指淡水生态环境系统，农业生态环境系统以农田生态环境系统为主。

（二）时空结构

在农业生态环境系统中，各种微生物和动植物在特定时间阶段和空间布局（包括垂直空间和水平空间）上的组合称为系统的时空结构。季节更替是影响系统中生物组成结构和数量比例的主要因素，对农作物因时而异的调整，可以合理利用资源环境，提高系统的布局结构和生产能力。空间的垂直结构是影响农业生物在不同层次分布种类和数量的重要因素，利用各层次生物的生态适应性，可以提高光能的利用率和转化率，增加生物总产量。空间的水平结构对农业生物在水平层次上交替分布也具有重要的影响作用，在同一地域内的作物轮植、间植套种和种草养畜等经营模式可以大大提高农业资源的利用效率。

（三）营养结构

农业生态环境系统中的动植物和微生物通过光热、土壤、水气和肥料等要素进行物资转化和能量转移，形成食物链营养关系和数量比例，构成农业生态环境系统的营养结构。在农业生态环境系统中，食物成为连接动植物、微生物、非生物和无机环境的纽带，促使生产者、消费者、分解者与生态环境之间通过物质循环和能量转换，维持系统的相对稳定和有序发展[2]。合理的营养结构是农业生态环境系统的基础，可以促进系统生产力和经济效益的提升和优化。

农业生态环境系统的总体结构、时空结构和营养结构使其成为一个相互影响、相互作用的错综复杂的综合体系，并产生相应的系统功能。

---

[1] 张立钦、吴甘霖：《农业生态环境污染防治与生物修复》，中国环境科学出版社2005年版，第11页。

[2] ［美］赫尔曼·E. 戴利、［美］乔舒亚·法利：《生态经济学：原理和应用》，金志农、陈美球、蔡海生译，中国人民大学出版社2014年版，第12页。

二 农业生态环境系统的功能

（一）系统的生产能力

在农业生态环境系统中，生物要素与非生物要素具有各自不同的功能，并相互作用、彼此依赖。生物要素中的生产者主要是指系统中的农业作物，消费者主要是指人、动物和其他异体有机体，分解者主要是指细菌、真菌和其他微生物[①]。生产者通过光合作用，将光能转化为化学能储存在有机体内，成为消费者赖以生存和发展的物质与能量来源。分解者将生产者和消费者的残体及排泄物等复杂的有机化合物分解为无机物，并释放返回到环境中。非生物要素中的光热为农作物提供能量来源，土壤、水气和肥料为农业作物提供生长发育必不可少的物质和营养。

（二）系统的循环规律

农业生态环境系统中的生物要素之间、非生物要素之间，以及生物要素与非生物要素之间不断地进行着物质循环、能量流动和信息交流。农业作物吸收光热能量，摄取氮、磷、钾、碳和水等物质，维持正常的生命活动，既有质的要求，又有量的规定。任何一种物质元素的质和量都必须处于合理的范围内，才能够促进系统的物质循环有效运转，即符合物质循环遵循要素定量求全规律。系统中的能量流动按照"农业作物—草食动物—肉食动物"的食物链逐层递减，并形成单项有序的能量流动规律[②]。

（三）系统的稳定程度

农业生态环境系统中的物质循环、能量流动和信息交流是维持系统正常运行的基础，物质循环是能量流动的载体，能量流动是物质循环的动力，信息交流是物质循环和能力流动的桥梁和纽带，三者相互依存、相互制约、相互促进，共同构成了相对稳定的系统结构。在不同的环境和经济社会条件下，农业生态环境系统不断演变，类型各异，结构不同，并与多业综合发展技术共同决定能量的转化效率和稳定程度[③]。人们可以根据不同的农业生态环境系统的特定结构和功能，以及物质循环和能量

[①] 刘钦普:《生态农业概论》，河南科学技术出版社1995年版，第80页。
[②] 刘钦普:《生态农业概论》，河南科学技术出版社1995年版，第75页。
[③] 任继周:《中国农业系统发展史》，江苏凤凰科学技术出版社2015年版，第76页。

转换方式，管理和调控农业生态环境系统，进行稳定高效的农畜产品生产，满足经济社会发展需要。

三 农业生态环境系统的特征

（一）整体性

农业生态环境系统是农业生物与农业环境在一定时空所构成的综合体，各组成要素按照一定规律运动，表现出整体性的综合功能。农业生态环境系统中的各要素具有反应连锁效应，即任何要素的任何变化都以某种形式在整个系统中反映出来，成为引起系统变化的触发因子。农业生态环境系统作为具有自组织能力的开放系统，在内部要素变化或外部力量干预的情况下，通过自我调节，即负反馈机制，来维持系统的有序运行[1]。然而，系统整体功能的反馈调节能力必须在一定的生态阈限内进行，超出限度，系统就会遭受破坏。

（二）阶段性

由于农业生态环境系统的物质循环具有周期性，能量流动具有方向性，系统的演变和发展在时序上表现出阶段性特征[2]。无论某一个群落从萌生到稳态的发展过程，还是各种农业作物、畜禽和微生物从生到长，直至死亡的生命历程，不同阶段具有不同特性，并与环境的适应性因时因地而异。人们在农业生产实践过程中，依据农业生态环境系统的不同阶段特征和阶段间的连续性，可以来管理和调整农业生物与农业环境之间的对立统一运动。

（三）差异性

因地理环境、气象条件和农业生产基础等因素的差异，农业生态环境系统的生物种类、数量和相互比例，在相对稳定的情况下表现出迥异的差异特征[3]。水平空间的纬度不同、垂直空间的海拔差异和季节性气候影响造成了农业生态环境系统的物质循环和能量流动具有不同的运动特征，并成为人们因时而异、因地制宜开展农业生产活动的重要条件。

---

[1] 骆世明：《农业生物多样性利用的原理与技术》，化学工业出版社2010年版，第58页。
[2] 薛达元、戴蓉、郭泺：《中国生态农业模式与案例》，中国环境科学出版社2012年版，第41页。
[3] 王声跃等编著：《乡村地理学》，云南大学出版社2015年版，第21页。

第二节 农业经济系统

农业经济系统作为农业生态经济系统的驱动系统,也是农业生态环境与农业经济耦合的动力系统,通过科学技术和组织管理,直接或间接地作用于农业生产,其结构、功能和目标影响到农业生态环境的现状与未来,关系到农业和农村的可持续发展。

一 农业经济系统的结构

按照经济系统运行的一般规律,农业经济系统可以划分为生产、交换、分配和消费四个相互联系、相互衔接、彼此依赖的环节,共同构成了系统运行的全过程。四个环节具有一定的边界范围,功能各异,分别形成了生产系统、交换系统、分配系统和消费系统四个子系统。

农业生产系统是人们通过对自然资源的开发和利用,获取经济社会发展所需农产品过程的集合体。生产系统是交换系统、分配系统和消费系统的基础和前提,是农业经济系统运行的起点。农业生产是自然再生产和社会再生产的统一,包含了区别于其他经济系统的自然生产力和生态力的特殊生产过程[①]。农业交换系统既包括农业经济系统内的生产资料、生态资源、劳动力资源和资金资源等交换,也包括了农业经济系统与其他系统的交换。农业分配系统是按照一定的原则,以农产品交换所得,来确定不同社会成员的份额。农业消费系统不仅为人们提供基本的生活资料,而且为农业生产和其他产业生产提供重要的生产资料。交换系统、分配系统和消费系统决定于生产系统,并反作用于生产系统,促进或阻碍农业生产的发展。

二 农业经济系统的功能

农业经济系统是通过人们有目的的农业生产实践活动,改造和利用作为劳动对象的生物体和生态环境,并与生态环境系统进行物资循环、能量流动、信息传递和价值转移等,获取经济社会发展需要的农产品的

---

① 杨英茹、车艳芳:《现代农业生产技术》,河北科学技术出版社2014年版,第7页。

综合体系[①]。因此,农业经济系统的功能体现在经济功能、技术功能和生态环境功能等。农业经济系统特点表现在以下三个方面:一是生态与经济的统一与结合;二是系统组成要素多,各生物、环境因素及经济、技术因素共存于一体,交互作用,都具有易变性;三是系统组成因素的变化运动受自然经济规律制约,在人类运用科学技术条件下具有可控性。农业生态经济系统具有系统、要素的空间结构与循环增殖功能;系统要素的反馈结构及相互制约功能;输入(投入)输出(产出)结构与生态经济功能。要使农业持续、稳定、协调发展,就要对农业生态经济系统中不合理的结构进行适时调整,使系统结构趋于合理优化,以促进系统生产力的不断提高。

农业经济系统的经济功能是指为农业生态经济系统提供驱动力,支配农业和农村经济的可持续发展,影响经济目标的实现。技术功能是以技术创新和推广为手段,通过对农业生物和环境施加影响,提高农业产品产量和劳动生产效率。生态环境功能是以影响资源的开发、利用和保护为出发点,以环境的改良和保护为根本,最终实现生态目标,并影响农业和农村的经济社会发展。农业经济系统的功能还具有显著的双重方向性,有可能是促进农业可持续发展的积极功能,或阻碍农业可持续发展的消极功能。在理论研究和生产实践中,规范农业经济系统运行主体行为,引导农业经济系统的积极功能,约束或规避消极功能,有助于农业可持续发展。

三 农业经济系统的目标

农业经济系统包含了影响农业和农村的自然资源因素、生态环境因素和经济社会因素,与经济手段、经济措施和经济行为共同实施可持续发展战略,增进农业和农村的可持续发展。农业经济系统的目标包括经济社会目标、自然资源目标和生态环境目标三个方面。

经济社会目标就是要实现农业生态环境与农业经济良性互动和可持续发展,具体体现在农产品种类的优化、数量的合理化和质量的改进,农业生产效益的提高,以及农民的收入增加和生活质量提升。自然资源

---

① 尚杰:《农业生态经济学》,中国农业出版社2000年版,第44页。

目标和生态环境目标是在保护农业自然资源的基础上，不断改善生态环境，实现永续发展和利用，满足人们日益提高的物质、文化和生态需求，达到人与自然的和谐相处。实现农业经济系统目标的关键就是要规范农业经济行为主体的生产经营活动，坚持以市场为导向的资源配置方式，注重政府的科学引导和农业生产者的积极参与。

第三节　农业生态环境系统与农业经济系统的逻辑关系

农业生态经济系统是由农业生态环境系统与农业经济系统耦合形成的环境社会系统，既包括了自然系统的物质循环和能量流动，又受到人类经济社会活动的影响，体现出系统与系统之间，以及系统内部的信息传递和价值流动（见图3—1）。农业生态环境系统与农业经济系统的联系是在人类经济社会活动作用下，以高产优质的农产品为生产目标，包含了农业生物、农业环境、经济社会和科学技术等条件，由人口、资源、环境、物质、资金和技术要素组成。

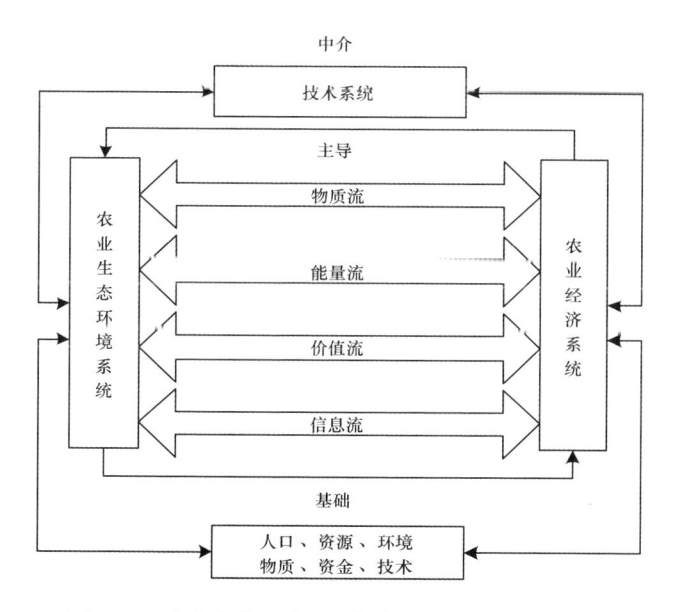

图3—1　农业生态环境系统与农业经济系统逻辑关系

一　要素层面的逻辑关系

人口要素、资源要素、环境要素、物质要素、资金要素和技术要素相互结合、相互影响，构成了农业生态环境系统与农业经济系统逻辑关系的有机整体，即农业生态经济系统。在自然再生产和经济社会再生产的过程中，要素层面的分析成为农业生态环境系统与农业经济系统逻辑关系研究的起点。

(一) 人口要素

人口是在特定的时期、地域和经济社会条件下一定数量和质量的人的总体[①]。人是自然环境的产物，经过长期的进化和发展成为自然界的重要组成部分，并从自然界中分化出来，居于经济社会的主体地位，人具有自然和社会的双重属性。无论是自然属性，还是社会属性，人都是生产者和消费者的统一。在农业生态环境系统与农业经济系统的联系中，人的主体地位能动地支配着资源、环境、物质、资金和技术等客体要素，而客体要素按照自然和社会规律反作用于人类，形成主体和客体的对立统一。一方面，人类活动给生态环境造成压力和破坏，或者是促进生态经济系统向更高级的稳定状态演化；另一方面，恶化或优化的生态环境必将以不同的方式反作用于人类，或是阻碍或是促进人类的生存与发展。在主体决定客体和客体反作用于主体的过程中，人的因素始终是整个生态经济系统的核心。因此，人口的数量和质量成为自然再生产与社会再生产，以及二者相互适应、协调发展的基本条件，主体行为成为影响农业生态环境系统与农业经济系统联系的决定性要素。

(二) 资源要素

资源是指与人类经济社会发展相联系的、有效用的各种客观要素的总称，按照内容可以划分为自然资源、经济资源和社会资源等[②]。鉴于本书对象，资源要素主要是指土地、水和生物等组成的农业自然资源。就农业自然资源而言，各种自然资源相互联系、相互制约构成统一整体，具有分布与组合的区域性、更新与利用的循环性、数量的有限性和生产

[①] 佟新：《人口社会学》，北京大学出版社2010年版，第15页。
[②] 钟水映、简新华：《人口、资源与环境经济学》，科学出版社2011年版，第33页。

潜力的无限性等特征。特别是在一定技术条件下，因自然资源的性质、种类和数量等条件差异，以及人们利用资源能力的局限性，当今有些自然资源所出现的枯竭和恶化等问题就是一个有力的佐证。同时，随着科学技术的进步，人类不断促进资源的更新和循环利用，如提高光能利用率、发挥土地生产潜力、加快水资源的循环利用等。因此，人们在不断认识资源的重要性和珍惜资源的过程中，加大科学技术的研发、推广和应用，实现资源的合理开发、更新、循环和永续利用。

（三）环境要素

环境是指存在于中心事物周围的一切物质条件，并以作为主体的相关外在客体而存在[①]。在农业生态经济系统中，由于处于主体地位的人具有自然和社会的双重属性，与之相联系的外在客体存在也必然有自然环境和社会环境两个方面。自然环境因人类活动的参与而具有人工化了的自然环境特征，社会环境包括了政治制度、经济制度、文化氛围、道德风尚等，自然环境和社会环境成为影响农业生态经济系统的基础因素。环境要素的基础地位与作用主要是通过人与环境的相互关系得以体现。一方面，人类通过能动地适应、控制、改造和利用环境，为人类发展服务；另一方面，环境要素以其特有的容量特征、结构特征和发展规律，影响和规范着人类的经济社会活动。

（四）物质要素

物质是物质资料的简称，包括生产资料和生活资料两部分，是自然资源经过劳动加工转化而来的社会物质财富，在农业生态经济系统中是社会化了的要素，是系统形成、演变和发展的重要条件。首先，自然资源在人类活动参与下转化为社会物质资源。社会物质资源作为自然资源的转化结果，是人们改造和利用自然的物质手段，是进一步推进系统发展的物质力量，是人们生产生活不可或缺的重要条件，只有掌握了先进的生产工具和占有充沛的物质资源，才能有效开展宽领域、多层次的生产活动，提高自然资源转化为社会物质资源的效率。其次，社会物质资源作为还原对象被还原为自然物质，或是分解氧化，或是生成新物质，

---

① ［美］汤姆·蒂坦伯格、［美］琳恩·刘易斯：《环境与自然资源经济学》，王晓霞、杨鹏、石磊译，中国人民大学出版社2011年版，第47页。

或是微生物分解还原为无机物质等。因此，农业生态经济系统就是生态系统的经济化和经济系统的生态化的结合①。

（五）资金要素

资金是市场经济条件下再生产过程中不断运动着的价值，包括货币形态的资金和物质形态的资金，具体表现为人们劳动创造的财富，是社会生产的物质条件和增加社会财富的重要手段②。在农业生态经济系统的生产和流通过程中，资金具有启动功能和增值功能。包括生产工具和劳动对象在内的各种物质资源通过资金相互结合、相互作用，使农产品进入到正常的商品生产和流通过程。在农业生态经济系统的再生产过程中，资金规模及其经营规模不断扩大，往复运动、循环增值，对系统内生态环境与经济的发展具有重要意义。

（六）技术要素

技术要素是连接农业生态环境系统与农业经济系统的桥梁和纽带，通过对农业生态环境的人化和对农业经济的物化运动，形成农业生态环境—技术—农业经济的复合作用，构成农业生态经济系统。技术要素贯穿于农业活动的全过程，并影响着农业生产方式的演变和发展③。具体而言，先进的技术或落后的技术在不同程度上促进或延缓农业生态经济系统的物质循环、能量流动、价值转移和信息交换。因此，技术要素在农业生态经济系统中的功能实现就是通过认识、掌握和运用自然运动规律和经济运行规律，有计划、有目的地调节和控制自然生态环境与农业经济发展的相互关系，促进农业生态环境与农业经济的和谐发展。

二　结构层面的逻辑关系

构成农业生态环境系统与农业经济系统逻辑关系的六种要素，按照属性不同可以分为生态系统要素、经济系统要素和技术要素三大类。鉴于人口要素具有自然属性和社会属性的双重特性，农业生态环境系统包含有人口、资源和环境三个要素，农业经济系统包含有人口、物资和资

---

① 刘钦普：《生态农业概论》，河南科学技术出版社1995年版，第79页。
② 陈建政：《〈资本论〉学习与研究》，陕西人民出版社1999年版，第148—152页。
③ 刘德江：《生态农业技术》，中国农业大学出版社2014年版，第12页。

金等三个要素,技术要素是连接农业生态环境系统和农业经济系统的中介。

(一) 农业生态环境系统是农业经济系统的基础

农业经济活动以农业生物为对象,并以其自然生命运动过程为基础,按照生物有机体的生长规律开展生产活动[①]。农业生物的繁衍成长离不开特定的生态环境,需要与环境不断地进行物质交换和能量交换。不同的生物体如植物、动物、微生物,以及它们之间需要不间断地进行各种物质和能量交换,从而形成农业生态环境系统的运动过程。农业生产的发端就是利用农业生物生命活动获取各种农产品,来满足人们的物质需求。在农业生产实践中,既要认识、掌握和利用自然规律从事农业生产,更重要的是还要充分认识到农业生态环境的基础地位,以及农业经济与农业生态环境的关系,从而更好地实现经济效益、社会效益与生态效益的统一。

(二) 农业经济系统是农业生态环境系统的主导

农业生产的根本目标就是通过人类活动对农业生物的作用,获取预期农业成果。人作为农业生态经济系统的主体,不但具有适应自然的能力,而且还能够自觉地利用客观条件改造自然、影响环境、获得更多的农产品。伴随着人类的发展,农业由低级向高级不断演进,农业经济的内涵也不断丰富,外延不断扩张,对生态环境的主导作用也越来越大。因此,处于主导地位的农业经济系统作为改造自然和利用自然的产物,不仅承担着获取经济效益最大化的功能,而且还对农业生态环境系统的平衡具有保护、维持和改善的功能。这就要求农业经济系统主导生态环境系统,并不断巩固和强化农业生态环境系统的基础作用,增强耐受能力,适应农业经济发展的需要。

(三) 技术是连结农业生态环境系统与农业经济系统的中介

在由农业生态环境系统与农业经济系统耦合形成的农业生态经济系统中,通过技术手段,将农业生态环境系统中的物质和能量以农产品的形式输入到经济系统中。农产品在经济系统中经生产、交换、分配、消费等环节,转变为适用于人类经济社会所需要的能量和物资,后经技术

---

① 杨京平:《生态农业工程》,中国环境科学出版社2009年版,第6页。

手段再次转化为物理形式或化学形式的能量和物质,并输入生态环境系统,成为再次物质循环和能量流动的基础。因此,农业生态环境系统与农业经济系统的耦合必须通过技术系统这个中间环节来实现。但技术系统也必须通过生产活动才能体现出来,在物质流、能量流、价值流和信息流的循环中,促进农业生态环境系统与农业经济系统在结构上相互连接、相互影响,在功能上相互促进、相互制约,在效益上相互矛盾、相互统一,为人类调节经济活动与生态环境之间和谐发展提供重要条件。

三 功能层面的逻辑关系

按照系统学的观点,系统的结构是功能的基础,功能是结构的表现。农业生态环境与农业经济的结构关系决定了农业生态经济系统中的物质循环、能量流动、价值交换和信息传递的融合过程。因此,物质循环、能量流动、价值交换和信息传递也就成为农业生态经济系统的四大基本功能。本书从物质流、能量流、价值流和信息流的角度来阐释农业生态环境与农业经济的功能关系。

(一) 物质流

在农业生态环境系统中物质流主要体现为通过生产者、消费者、分解者和环境等各个环节,以物质要素的循环维持系统正常运行。在农业经济系统中物质流主要体现为农业生态环境的物质流在人类经济活动的干预下,通过生产、分配、交换和消费等过程,在各产业间不断地输入与输出。农业生态环境系统的物质流与农业经济系统的物质流是农业生态经济系统物质流的统一,前者是后者的前提和基础,后者是前者的继续和深化,二者通过技术手段相互转化、相互联系、相互促进。

(二) 能量流

农业生态环境系统与农业经济系统之间的能量传递和转化是物质运动的一种基本属性,是物质流的有机组成部分,并以物质流为载体。对应于物质流,能量流也可以区分为存在于农业生态环境系统内部、农业经济系统内部和二者之间的两种能量运动形式。两种形式的能量运动随着物质循环而进行,并相互转化。然而,能量流不是循环运动,却呈现出单向、逐级递减特征。在农业生态环境系统中,能量沿着植物—草食动物—肉食动物的营养级递减流动。同样,农业生态环境系统中的各类型能量进入农业经济系统中被消耗,一部分能量经过一定的技术手段返回到原有领域,而相当一部分能量以热量的形式逸散到环境中就不能再循环利用。

(三)价值流

农业生产劳动过程就是按照人们的预期目标,将自然和经济社会相互联系,促进农业生态环境系统与农业经济系统中物质流和能量流的顺畅运动,通过生产链的物化劳动和活劳动使价值增殖。在市场经济的分配和交换过程中,实现了农产品到商品的转化和价值的实现。价值的实现既是价值流的终点,也是再生产价值流的起点。价值流能否在农业生态环境系统与农业经济系统中顺畅流动的关键就在于农产品是否符合经济社会需要,使用价值是否能够得到顺利实现。

(四)信息流

按照系统控制论,信息是物质的特殊属性,是物质客体之间相互联系、相互作用的一种特殊表现形式[①]。连接农业生态环境系统与农业经济系统逻辑关系的信息可以区分为自然信息和经济社会信息,二者都以物质和能量为载体,通过物质流、能量流和价值流,实现信息的获取、储存、筛选、传递和转化。伴随着农业现代化进程加快,信息流对农业生态环境与农业经济起着更加重要的作用,成为农业生态环境与农业经济的中枢,调节着物质流、能量流、价值流的数量、方向、速度和目标。

四 逻辑关系的规律

农业生态环境系统与农业经济系统相互联系、相互作用、相互影响的逻辑关系具有生态经济规律。生态经济规律不是生态环境规律和经济社会规律的简单加总,而是生态环境规律与经济社会规律相互促进、相互制约的关系,表现为耦合与协同规律、延迟反馈与速变反馈规律、生态效益与经济效益辩证统一规律。

(一)耦合与协同规律

农业生态环境系统与农业经济系统不仅存在要素层面的天然联系,

---

① 苗东升:《系统科学精要》,中国人民大学出版社2010年版,第15—18页。

而且还存在结构层面和功能层面的逻辑关系，它们不是简单的独立关系或包含关系，而是相互联系、相互扰动的耦合关系。系统耦合的过程包含了众多要素因子，蕴藏着错综复杂的变化。在物质循环、能量流动、信息交换和价值实现的过程中，以政府、市场和农户组成的经济主体及其相互关系也在不断调整、适应和演变。农业生态环境与农业经济的耦合系统成为更高一级的复合性和开放性的结构—功能体，具有单个子系统不具备的催化潜势、管理潜势、发展潜势和稳定潜势，对耦合系统进行协同研究，强调子系统间的联系与互动，是促进耦合系统协同发展的内在要求[①]。协同发展以系统的整体观为根本，更加注重耦合系统的内在性和综合性及各子系统之间的相互作用，促进系统耦合过程成为同步、协调与和谐的良性发展过程。因此，耦合是协同发展的前提，协同是耦合的目的。同时，系统耦合是协同发展的基本保证，协同发展是实现系统良性耦合的途径。

（二）延迟反馈与速变反馈规律

农业生态环境系统与农业经济系统之间存在互为反馈的作用机制，即经济系统对生态环境系统的干预与调控，改变了生态环境系统的结构和功能，增加或减少生态环境系统物质与能量的输入和输出，从而反作用于经济系统。这种反馈作用机制不仅存在于子系统之间，而且也存在于各子系统内部。无论子系统内还是子系统之间的反馈机制都具有延迟和速变的规律，即反馈机制表现出非同步性[②]。如生态环境系统平衡的破坏可能导致经济系统的迅速恶化，也有可能是经济系统没有立即受到损失，但在一个相当长的时间后才能显示负向的反馈结果。同样，经济系统中某项政策、方针和法令的措施的实施，或者是某项新技术和新工艺的应用，可在短期或长期内对生态环境系统产生反馈作用，形成经济正效益或负效益。因此，在农业生态环境系统与农业经济系统的逻辑关系中，对于延迟反馈要注重当前利益与长

---

① 豆志杰：《农业生态安全与农产品质量安全耦合系统协同发展研究》，博士学位论文，吉林农业大学，2013年，第35页。

② 徐光丽、接玉梅、葛颜祥：《流域生态补偿机制研究》，中国农业出版社2014年版，第22页。

远利益相结合，避免恶性循环；对于速变反馈要因势利导地发展正向反馈，减少或杜绝负向反馈。

（三）生态效益与经济效益辩证统一规律

生态效益是指通过向农业生态环境系统投入一定劳动，改变系统内部的物质循环和能量流动，以及物质与能量积累的数量和效率，从而对生态环境和人类活动产生影响。经济效益是指社会再生产过程中投入与产出的比率。在农业生产过程中，生态效益与经济效益同时存在，并具有辩证统一规律[1]。一方面，生态效益是经济效益的基础，经济效益是生态效益的保障。在一定的技术水平和管理条件下，生态效益可以促进经济效益，同时经济效益反作用于生态效益，实现二者的同步提高，表现出生态效益与经济效益的统一性。另一方面，生态效益与经济效益并不是始终协调同步发展，而二者的相对矛盾在当今社会表现明显。特别是伴随着经济社会的快速发展、人口数量的膨胀、城镇规模的扩张，资源被大量消耗，生态环境不断恶化，经济效益的获取以牺牲生态效益为代价，从而造成了经济效益发展的不可持续性。虽然生态效益与经济效益的相互背离经常发生，但在农业实践活动中，注重生态效益与经济效益的有机结合，充分运用耦合与协同规律和延迟反馈与速变反馈规律，就可以做到既保证农业经济效益的不断提高，又保证农业生态环境的不断改善，促进生态效益与经济效益的同步发展。

第四节　农业生态环境系统与农业经济系统耦合原理

农业生态环境与农业经济耦合系统由农业生态环境子系统和农业经济子系统，以及政府、市场和农户等行为主体构成，既包含了农业生态环境的多样性，又具有农业生态环境与农业经济相互联系形成的多样性，耦合系统内及子系统间的边界更加模糊，功能更加多元化，表现出环境社会系统的特征。

---

[1] 杨殿林、修伟明：《生物多样性与生态农业》，科学出版社2011年版，第119页。

一 农业生态环境系统与农业经济系统的耦合结构

农业生态环境与农业经济耦合系统的结构是在一定的经济社会条件下,以耦合系统的相关主体利益诉求为导向,通过行为主体的生活和生产活动,在农业生态环境系统与农业经济系统之间,由人口、资源、环境、物质、资金和技术等要素的输入和输出形成耦合系统内的物质流、能量流、价值流和信息流,并维持相对稳定和有序发展,构成具有整体性、相关性和层次性等特征的耦合系统结构框架。农业生态环境与农业经济耦合系统的结构可以分为三个层面,即要素层面、经济社会层面和行为主体层面(见图3—2)。在要素层面,主要是指各要素在耦合系统内的运动形式(物质流、能量流、价值流、信息流)和运动规律(耦合与协同规律、延迟与速变规律、生态效益与经济效益辩证统一规律),体现出耦合系统的初级和自然存在状态,是其他结构层面的基础和前提条件。在经济社会层面,通过经济、政治、文化、法律等途径,增强系统内各要素的联系,调整和规范农业生态环境与农业经济的关系,促进耦合系统的协同发展。在行为主体层面,政府、市场和农户既是耦合系统的参与者,更是促进系统和谐发展的推动者,一方面要尊重农业生态环境与农业经济的客观规律,另一方面还要从行为主体发展意愿出发,结合各种自然条件和经济社会条件,运用科学技术方法和手段,增强农业生态环境与农业经济的可持续性,促进耦合系统的协同发展。

如图3—2所示,要素层面、经济社会层面和行为主体层面在相互关联的过程中,形成了多维视角的较为稳定的耦合系统结构。要素层面的物质流、能量流、价值流和信息流是耦合系统存在和演变的基础;经济社会层面的经济、政治、文化和法律等方面承担了耦合系统协同发展的传导机制,是连接要素层面与行为主体层面的通道;行为主体层面的政府、市场和农户是耦合系统的主体,也是耦合系统的受体,是最具有能动性地维持、改造和发展耦合系统的推动力。如果将经济社会层面的影响要素植入行为主体分析,对启动经济社会传导机制,促进耦合系统协同发展具有重要作用。

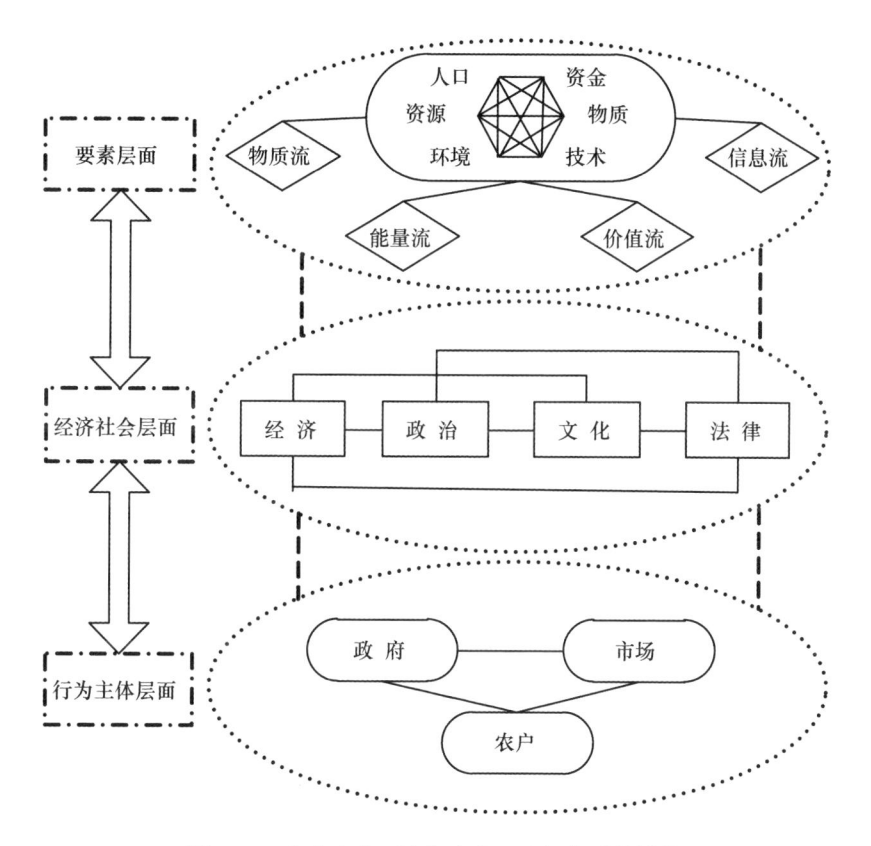

图 3—2　农业生态环境与农业经济耦合系统结构

二　农业生态环境系统与农业经济系统的耦合特征

环境社会系统由环境系统和广义的社会系统组成，广义的社会系统又由经济子系统、政治子系统、文化子系统等组成①。农业生态环境与农业经济的耦合系统具备了环境社会系统所共有的整体性、有序性、平衡性等特征，还具有其自身所特有的复合性、统一性、开放性、差异性和可控性等属性特征。

（一）复合性

农业生态环境与农业经济耦合系统是由多种要素构成的复杂的结

---

①　豆志杰：《农业生态安全与农产品质量安全耦合系统协同发展研究》，博士学位论文，吉林农业大学，2013 年，第 35 页。

构—功能体。从微观层面来看，人口要素居于主体地位，资源、环境、物质、资金和技术等要素居于客体地位，组成主体地位和客体地位的要素，以及客体地位中的各要素相互联系，相互作用，形成一定的结构逻辑关系，并表现出物质循环、能量流动、价值转换和信息交换等功能。从宏观层面来看，构成耦合系统的农业生态环境子系统与农业经济子系统又由若干个更小的子系统组成，通过科学技术的应用与调整，它们在相互作用的时间序列、影响强度和作用效果等方面不断变动，甚至相互叠加，表现出多条件下的复合性特征①。

（二）统一性

在农业生态环境与农业经济耦合系统中，农业生态环境直接参与农业生产，是农业经济再生产的基础，而农业经济再生产反作用于农业生态环境，二者通过物质和能量的转化循环，以及相互适应和调整，从而使农业的自然再生产与农业经济的再生产构成统一的过程。在耦合系统中，农业经济子系统起到主导作用，人类根据自身发展需要，通过技术手段组织农业生产，改变、影响和适应农业生态环境，而农业生态环境中的物质、能量转化效率成为衡量农业经济产量高低和评价农业经济效益水平的重要内容。因此，农业生态环境与农业经济耦合系统是一个高度统一的整体②。

（三）开放性

农业生态环境与农业经济耦合系统是一个开放的系统，农业生态环境子系统、农业经济子系统、技术子系统、社会子系统等各子系统之间相互作用、协调有序是促进耦合系统协同发展的客观要求。就物质流而言，人类为了满足对农产品日益增长的需求，就必须有相应的物质投入来维持系统的动态平衡。就能量流而言，除了自然能的输入和耗散，还需要不断补充人工能量，如化肥、地膜、农药等，以弥补自然能的不足，从而提高能量转化效率。此外，耦合系统的开放性还体现在各种物质、

---

① 任继周、万长贵：《系统耦合与荒漠—绿洲草地农业系统——以祁连山—临泽剖面为例》，《草业学报》1994年第3期。

② 任继周、朱兴运：《中国河西走廊草地农业的基本格局和它的系统相悖》，《草业学报》1995年第1期。

资金、技术和人力资本的投入，促进了农业生产的发展和农业生态环境的改善。

（四）差异性

就农业生态环境与农业经济耦合系统而言，不同时期或同一时期的不同区域内，耦合系统内的各个要素和由各要素构成的结构—功能体存在于动态的演变过程中，表现出时空维度的差异性，即不同自然环境和社会条件下的特殊性。同时，农业生态环境与农业经济又具有一定的运行规律，如耦合与协同规律、延迟与速变规律、生态效益与经济效益统一规律等。因此，耦合系统的差异性与规律性相统一，是指导和调控农业生产，促进农业可持续发展的重要理论基础和现实依据[①]。

（五）可控性

在农业生态环境与农业经济耦合系统内的各要素按照不同的质、不同的量和不同的比例相互组合起来，形成一定的结构，具有一定的功能。耦合系统不仅要受自然规律的制约，而且更重要的是随着科学技术的发展与应用，人类活动行为对系统的影响范围越来越广、程度越来越深，对系统的控制能力也越来越强。通过改变系统内各要素的重新组合与比例结构，对系统的发展可以起到引导和控制的作用。特别是农业由"石油农业"经过"绿色革命"进入"生态农业"阶段，人类对农业的控制已经实现了由自我维持到自我发展的转变。这也正是本书的根本出发点和落脚点，即以影响耦合系统的行为主体调控耦合系统，改变、适应和优化系统的结构和功能，从而促进人与自然和谐发展。

三　农业生态环境系统与农业经济系统的耦合潜势

对农业生态环境与农业经济进行耦合系统的协同关注，既是对二者内在逻辑关系的尊重，又可以深化认识耦合系统演变方向和变化程度的可能性，以及耦合系统行为主体对系统的影响与作用。农业生态环境与

---

① 任继周、朱兴运：《中国河西走廊草地农业的基本格局和它的系统相悖》，《草业学报》1995 年第 1 期。

农业经济耦合系统的复合性和统一性是系统耦合的内在要求,耦合系统的开放性和差异性所导致的系统外延特性是系统耦合的根本动力,耦合系统的可控性特征决定了系统耦合可以从多方面促进系统生产力的释放和系统的进化。

(一) 催化潜势

系统学研究借鉴了化学反应中催化作用的原理,在农业生态环境与农业经济耦合系统中,存在类似于化学反应的正向反应和逆向反应,如给予催化作用,可以将系统的发展改造为符合人类意愿的单向循环,或者减弱非意愿的逆向循环,这就强化了反应的定向性,加快了反应速度[①]。对于耦合系统的正向催化,可以在适当的环节进行耕作、灌溉、施肥、施用农膜和喷洒农药等措施,或者是以其他形式的物质和能量输入;负向催化可以用收获农产品的方式,迫使农业生物减少自由能的积累,处于非成熟状态以保持旺盛生机[②]。催化促进了系统内的物质循环和能量流动畅通有序,但催化的方向并不完全遵循人类的发展意愿,比如农药和化肥的施用,一方面是正向催化获取更多农产品的一种有效方法,另一方面农药和化肥对生态环境的影响,甚至破坏作用是长期而不易于消解的。同样,负向催化也存在使用临界的问题,比如草原过度放牧和森林超量砍伐都会对生态系统平衡造成破坏,使系统整体生产力下降。因此,应用耦合系统的催化潜势就涉及耦合系统的管理潜势,要因势利导、适度而行。

(二) 管理潜势

农业生态环境与农业经济耦合系统的相关主体是政府、市场和农户,本质上是人为调控下的自然环境—经济社会系统,而管理就是调控系统的基本方法。农业生态环境与农业经济伴随着人类经济社会的发展,农业的生产能力不断提高,管理的作用不断增强,低层次系统逐渐耦合构成高层次系统。这种具有等级结构特征的系统也具有调控的特性,即越是在现代化程度较高的耦合系统中,等级管理、时间阶段管理、地理区

---

① 任继周、万长贵:《系统耦合与荒漠—绿洲草地农业系统——以祁连山—临泽剖面为例》,《草业学报》1994年第3期。

② 任继周:《系统耦合在大农业中的战略意义》,《科学》1999年第6期。

域管理、行业管理和规模管理等管理模式越是成为现实的必然选择。在管理调控的过程中，可以对高层级系统有选择地忽略低层级系统的某些细节，以施行较为简约的控制。这种有选择地忽略下级系统的无关细节是等级调控的一般属性①，也是本书在构建系统评价指标体系时的重要理论依据。

（三）发展潜势

农业生态环境是人类生存的基础，农业经济的发展是人类生活水平提高的保障，农业生态环境与农业经济的协同发展对人与自然和谐相处和经济社会可持续发展具有重要意义。农业生态环境与农业经济耦合系统的良性发展，除了需要运用各种管理手段和管理方法维护系统当前的运行状态外，更重要的还是要注重长期的可持续发展，实现眼前利益与长远利益的统一。耦合系统的相关主体运用发展潜势来管理系统，一方面要树立农业生态经济系统的可持续发展观，思想上高度重视和深刻认识眼前利益与长远利益相结合的重要性，另一方面要突破单向度的研究视角，运用系统论和协同学思想统筹耦合系统的协同发展问题，促进农业生态环境与农业经济的可持续发展。

（四）稳定潜势

复杂的农业系统比简单的农业系统总体功能更稳定②。在农业生态环境子系统与农业经济子系统中，局部的不稳定成分在系统耦合的过程中不断变化和调整，即便子系统间的位差势能存在较大变化，但耦合系统内的组成要素种类繁多、数量巨大，结构错综复杂，功能彼此交错，从而使单个子系统内的震荡在耦合过程中不断衰减，类似于耦合系统中的"缓冲器"和"安全阀"，可以在相当长的时间内保持整个耦合系统的自由能总量较为恒定，避免农业生产水平的剧烈变化，促进生产能力维持在稳定状态。农业生态环境与农业经济耦合系统所具有的稳定潜势正是本书采信相关历史数据、进行实证分析的重要依据，也是明确耦合系统研究思路和确定研究目标的重要切入点。

---

① 任继周、葛文华、张自和：《草地畜牧业的出路在于建立草业系统》，《草业科学》1989年第5期。

② 任继周：《系统耦合在大农业中的战略意义》，《科学》1999年第6期。

第五节　本章小结

本章在分析农业生态环境系统与农业经济系统的结构、功能、特征和目标的基础上，重点关注了两系统在人口、资源、环境、物质、资金和技术等要素层面的逻辑关系，剖析了农业生态环境系统作为农业经济系统的基础、农业经济系统作为农业生态环境系统的主导，以及技术是连接农业生态环境系统与农业经济系统的中介等结构层面的逻辑关系，并从物质流、能量流、价值流和信息流的角度来阐释农业生态环境与农业经济的功能层面的逻辑关系，得出农业生态环境系统与农业经济系统耦合与协同规律、物质循环与能量转换规律、互为反馈规律、延迟反馈与速变反馈规律、生态效益与经济效益统一规律等逻辑关系的规律，深入探讨了农业生态环境系统与农业经济系统耦合结构和耦合特征，以及耦合催化潜势、管理潜势、发展潜势和稳定潜势等耦合原理。

第四章

农业生态环境与农业经济耦合系统协同发展分析

农业生态环境与农业经济耦合系统的协同发展既是两个子系统之间内在客观联系的反映，又是化解现代农业发展过程中人口、资源、环境、经济、社会等各种关系矛盾的根本出路。耦合系统的协同发展一方面要注重两者的内部要素结构、功能特征、发展潜势和逻辑关系，另一方面还要扩张行为主体的利益视角，通过对市场行为、政府行为和农户行为的引导与规范，推动耦合系统的自组织，促进农业生态环境与农业经济耦合系统的协同发展。

第一节 农业生态环境与农业经济耦合系统协同发展的目标

农业生态环境与农业经济耦合系统的可持续演进是系统协同发展的根本，是引导系统内各种要素相互联系、彼此作用、共同发展的客观规律。耦合系统的协同目标是在物质流、能量流、信息流和价值流的"四流畅通"，生态、生产和生活的"三生共赢"，以及政府、市场和农户的"三者共治"过程中[①]，更加注重经济社会—生态环境的综合效益，在不损害农业生态环境的前提下，保障农业经济发展，全面满足当代及后代的发展需要。因此，耦合系统协同发展的目标体现在耦合系统

[①] 张象枢：《基于环境社会系统分析的可持续发展论——环境社会系统发展学学习心得》，《当代生态农业》2012年第3—4期。

的高效与集约目标、协调与和谐目标、可持续演进目标三个层面（见图4—1）。

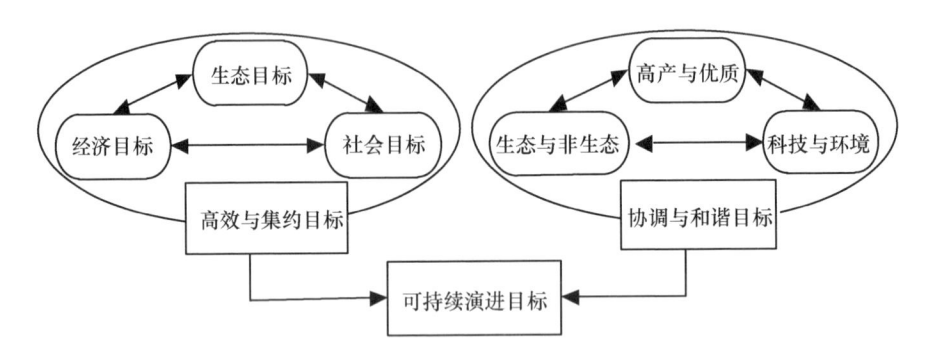

图4—1 农业生态环境与农业经济耦合系统协同发展目标示意

一 高效与集约目标

现阶段中国农业经济普遍处于低效率和粗放式的发展状态，致使农业生态环境与农业经济耦合系统总体表现为效率低下、集约化程度不高，在耦合系统中表现为资源的高投入与农产品的相对低产出并存，农业生产资料的高消耗与生态环境的恶化并存，农业生产效率普遍低于城市产业，也低于发达国家农业经济效率。要改变低效和粗放的发展模式，就必须确立科学的耦合系统生态目标、经济目标和社会目标，突出高效与集约的发展模式。在生态目标方面，做到直接生态目标与间接生态目标的统一，即一方面要提高自然资源的产出率和资源的持续生产力，另一方面要控制农业生产对生态环境的负面影响，提高抗灾能力和抵御风险的能力，维持生态环境安全和生态效率持续稳定增长。在经济目标方面，通过市场行为、政府行为和农户行为对农业生态环境的正面影响，形成农产品生产、农副产品加工和农村劳动力就业等农业经济的高效与集约发展模式，促进农业经济的可持续发展。在社会目标方面，以生态目标和经济目标的实现为基础，深化农业经济体制改革，完善生态—经济—社会统筹管理体制，建立高效集约的生态经济发展机制，协调市场、政府和农户的合理结构，实现农业生态环境与农业经济耦合系统的高效集约发展目标。

二 协调与和谐目标

农业生态环境与农业经济耦合系统协同发展的一个重要特征就是协调性与和谐发展。首先，中国农业生产在高产目标实现的过程中优质目标（包括农产品的优质目标和农业生态环境的优质目标）往往难以兼顾，甚至经常出现高产与优质的矛盾，而二者的协调与和谐又是耦合系统协同发展的基础。其次，在耦合系统中，产业间的协调与和谐也尤为重要。就农业经济而言，可区分为生态型、非生态型和中间型三种类型，生态型与实际发生的生态效益呈正相关，非生态型在现代科技条件下常常与生态效益呈负相关，而现实农业经济大多是处于生态型与非生态型之间的中间型[①]。有效调控生态型与非生态型经济的运动和变化，控制各种相关变量对耦合系统的影响，对系统协调与和谐发展意义重大。再次，现代科技对生态环境的影响也越来越重要，二者的相互协调成为耦合系统协同发展的重要支撑。现代化作为发展中国家或地区农业发展的目标，在现代科技付诸实践的过程中，生态环境往往被置于次要地位，生态效益不能得到有效兼顾。这既反映了人们在追求短期经济效益时的盲目性，又是人类对科技认识和把握的局限性所致。因此，寻求现代科技与生态环境的统一是耦合系统实现协同发展的重要目标之一。

三 可持续演进目标

人类经济社会的发展不仅仅是简单再生产过程，而且是不断扩大的再生产过程，农业生态环境与农业经济耦合系统的再生产过程也是如此。耦合系统的扩大再生产过程包括了农业生态环境的扩大再生产和农业经济的扩大再生产，以及二者结构、功能、关系、潜势等扩大再生产，总体表现为耦合系统的再造与优化，即可持续性的演进。耦合系统的可持续演进目标是以系统高效与集约目标、协调与和谐目标的实现为基础，通过农业生态环境子系统与农业经济子系统的相互作用和演进，实现可持续发展的目标。具体而言，耦合系统的可持续演进包含了不可再生资

[①] 尚杰：《农业生态经济学》，中国农业出版社2000年版，第43页。

源的合理利用与保护，可再生资源的循环利用与开发，人口、资源、环境、物质、资金、技术等要素关系的协调与和谐，物质流、能量流、信息流、价值流的顺畅与高效运转，提高无公害、绿色、有机农业产品的比重，优先采用高效低毒和生物技术措施等。可持续演进目标总体表现为农业生态环境与农业经济的统一，生态环境的优化和农业经济的可持续发展。

第二节 农业生态环境与农业经济耦合系统协同发展的内容

农业生态环境与农业经济耦合系统要素构件多、复合程度高、结构功能复杂，协同发展的视角具有多样性。本书以农业生态环境与农业经济耦合关系的客观实际为出发点，构建耦合系统的协同发展思路，将主体行为研究纳入耦合系统的协同发展中，具体包括耦合系统的利益协同、组织协同、信息协同和科技协同等。

一 利益协同

追求利益最大化是市场行为的出发点和落脚点，农业生态环境与农业经济耦合系统的利益相关者以自身利益最大化为目标相互博弈，推动耦合系统的演进，激发系统的协同发展。市场行为是"无形的手"指挥的最有效率的利益创造，在自由竞争的环境中，无须人类的主观干预而能自动调节并趋于稳定。但是，对于农业生态环境与农业经济耦合系统的公共产品属性而言，如果没有政府行为的约束，或是缺少法律、道德和舆论的管理与监督，市场行为往往会出现偏差而得不到有效的纠正。农户处于市场行为和政府行为的双重影响之下，既有追求自身利益最大化的理性需求，又受到维护系统协调与和谐发展的制度要求。如果市场行为、政府行为和农户行为不能得到统一，利益冲突将不可避免，出现耦合系统发展潜势下降。相反，如果利益相关者在微观行为协调和宏观管理规范的情况下，既保证生态环境的良性发展和资源的合理配置，又体现人类的环境保护意识和生态文明素养不断提高，最终促使耦合系统的利益趋向协同，并不断形成正向反馈，从而进一步增进人类生活环境的改善、生产能力的提高和经济社会的可持续发展。

二 组织协同

耦合系统的利益协同是系统协同发展的根本动力,组织协同是系统协同发展的基本保障。通过组织协同,将各种主体行为有序统筹到系统中,兼顾彼此行为主体的利益诉求,整合不同主体的利益最大化为系统整体的利益最大化,形成系统协同发展的组织构架,保障系统协同发展。具体而言,农业生态环境与农业经济耦合系统组织协同是以政府行为为主导,市场行为和农户行为共同参与,涉及农业相关企业、农村集体经营和家庭农场等多种形式的力量集合体。首先,政府行为对耦合系统的组织协同具有决定性意义。政府要在科学规划的基础上,测算和评定对农业生态资源与环境财政支出的合理区间,制定和实施系统协同发展的政策、法律和法规等,对个体微观行为进行规范和引导,形成系统协同发展的合力。其次,现有农业组织对耦合系统的组织协同具有重要的影响作用。通过政府行为的影响,在现有农业组织的基础上,培育符合经济社会发展需要的更加理性的政策受体,制定相应的管理办法和激励措施,维护和激发利益相关者的利益诉求,使有限的政策资源效力最大化,促进耦合系统的协同发展。

三 信息协同

耦合系统的信息协同是系统协同发展的桥梁和纽带。在市场经济条件下,信息不对称是一种常态,即便有政府行为的参与,市场失灵和政府失灵的情况也会因信息不对称而时有发生。所以,信息流的畅通对耦合系统至关重要,信息协同成为耦合系统协同发展的重要内容,即不同的行为主体通过信息平台发布或获取相关信息,按照市场机制和政府调控,做出有目的的应对策略选择。现阶段,中国关于信息平台的建设主要是通过政府行为来完成,政府也成为信息供给的主角。然而,在市场经济环境中,如果政府偏离了"守夜人"的市场定位,不能跳出计划经济时代"家长式"的管理模式,虽然投入大量资金建设信息平台,也观测、发布和传递大量的信息,但信息流的畅通效果依然不容乐观。有时,政府面临信息不对称,往往容易成为错误信息或不良信息的供给者,造成政府公信力的下降，为后续信息沟通和交流形成不必要的障碍。因此，耦合系统的信息协同要对政府行为、市场行为和农户行为进行科学定位，政府负责搭建平台、提供服务、信息甄别等工作，农户通过市场机制成为理性的信息供给者和消费者，在信息市场平台上更好地实现信息畅通。

四 科技协同

耦合系统的科技协同是系统协同发展的重要条件。随着经济社会的发展，科学技术作为连结农业生态环境系统和农业经济系统的关键要素，对社会发展和人类进步的影响不断强化。同时，科学技术本身就是一柄双刃剑，在提高人类改造和利用自然的过程中，也加剧了对自然资源的消耗和对生态环境的破坏。在人口因素影响下，利益协同不但受到侵蚀，而且人们日益增长的物质和文化需求在某些方面倒逼科技进一步伤害生态环境，并形成农产品数量增加、质量下降的恶性循环。因此，耦合系统的协同发展必须将科技协同纳入整体系统分析的视域内，农业科学技术的应用与发展不但要注重人类近期的生存需要，更重要的是要具有长远眼光，兼顾生态环境的演变与发展。这需要政府、市场和农户不断提高科技协同的发展理念，还需要在实践中研发、推广和应用环境友好型的农业科学技术，逐步放弃粗放型的高污染、高消耗、高排放、低效率（"三高一低"）的科技手段，形成科技协同的向好机制和良性循环，促进农业生态环境与农业经济耦合系统的协同发展。

第三节 农业生态环境与农业经济耦合系统协同发展的特征

农业生态环境与农业经济耦合系统作为一种复杂的环境—经济系统，既有环境—经济系统的一般特质，又有自身的典型特征，具体包括原态性与新质性、相生性与相克性、静态性与动态性、反馈性与整体性等特征。

一 原态性与新质性

农业生态环境与农业经济耦合系统既保持了农业生态环境子系统和农业经济子系统的原态性特征,又具有耦合系统的新质性特征,并在子系统间相互联系、相互作用、相互影响的过程中,从低层次到高层次不断发展进化,演变并新生成的高层次耦合系统相对低层次子系统具有新质性,农业生态环境子系统和农业经济子系统作为低层次系统相对新生成的高层次耦合系统具有原态性。在周而复始的循环演进过程中,耦合系统的协同发展不断提高农业生态环境质量和农业经济质量,满足人们更高层次的物质、文化和生态需求,促进人类经济社会的发展,从而反作用于生态环境的进化和发展,形成良性的环境—经济系统的进化与演替过程。

二 相生性与相克性

农业生态环境与农业经济耦合系统在演进过程中,可能会出现农业生态环境子系统与农业经济子系统中的一方对另一方,或双方相互之间的相互促进;还有可能会出现一方对另一方,或双方相互之间的相互阻碍。前者表现出耦合系统发展的相生性,后者具有相克性。相生性与相克性是耦合系统发展的客观规律,不以人的意志为转移。人们在进行农业生产的过程中,要尊重系统的相生性与相克性规律,实施科学有效的生态经济措施,提高相生性发生的概率,减少或弱化相克性产生的可能性,通过互利共生谋求耦合系统的相对稳定和协同发展。

三 静态性与动态性

农业生态环境与农业经济耦合系统演进过程表现为相对稳定的静态性与不断发展的动态性的统一。耦合系统的协同的发展要求各子系统之间和各要素之间在一定量上成比例、在一定质上相适应,从而维持稳定而和谐的运动状态。同时,在耦合系统的演进过程中,量的积累会逐渐达到质的飞跃,产生新的高一级耦合系统,表现出了相对的静态和绝对的动态。静态性与耦合系统的阶段性或层次性密切相关,一定阶段或一定层次的耦合系统会表现出静态特征,当各种内外部因素推动了耦合系统的演替,整个系统又体现出了不同阶段或不同层次间的跨越。

四 反馈性与整体性

农业生态环境与农业经济耦合系统内的物质流、能量流、价值流和信息流不断地周而复始循环流动,并与系统外发生着不同形式的物质、能量、价值和信息交换,形成新陈代谢的更替过程,构成整体性的动态平衡。借鉴系统论中动态有序思想和调控优化原理[①],耦合系统的动态平衡机制就是农业生态环境与农业经济逻辑关系中延迟反馈与速变反馈规律在系统整体中的反映。耦合系统通过对正反馈的有效遏制和对负反馈的充分利用,协调子系统之间,以及耦合系统内部各要素的关系,促使系统整体维持在相对平衡的范围内,促进农业生态环境与农业经济良性循环。

第四节 农业生态环境与农业经济耦合系统协同发展机理

机理是指系统中的各要素依据相应的结构特征和特定功能,在一定环境条件下相互联系、彼此影响、共同作用的机制和原理[②]。按照系统的内在运行规律和工作方式,农业生态环境与农业经济耦合系统协同发展机理可以概括为,在耦合系统中各子系统和各组成要素遵循一定的运行逻辑,按照互惠共生的路径演进发展。耦合系统的协同机理是引导和促进系统协同发展的内在规定性的控制方式,决定了系统的物质流、能量流、价值流和信息流的融合与畅通,具体包括利益牵引机理、组织推动机理、信息强化机理、技术支撑机理、政策导向机理和文化激励机理六个方面(见图4—2)。

[①] [德]赫尔曼·哈肯:《协同学:大自然构成的奥秘》,凌复华译,上海译文出版社2013年版,第59页。

[②] 吴今培、李学伟:《系统科学发展概论》,清华大学出版社2010年版,第37页。

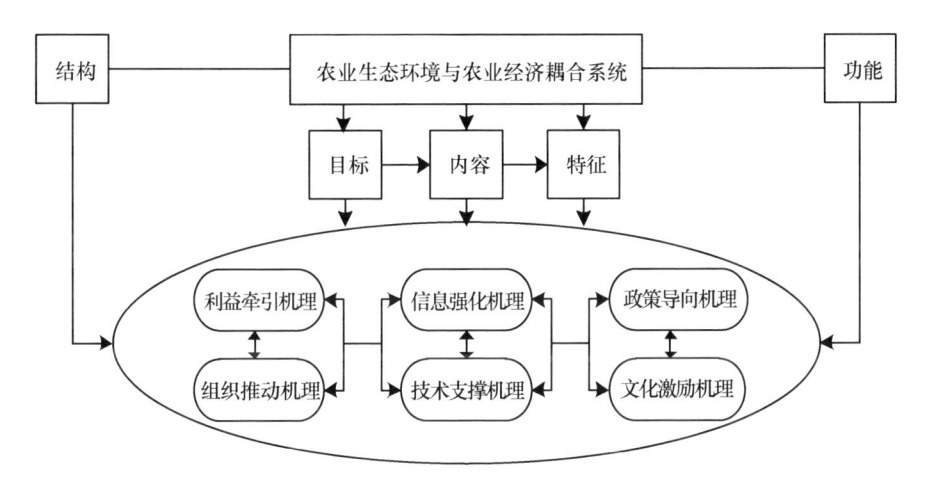

图4—2 农业生态环境与农业经济耦合系统协同发展机理

一 利益牵引机理

利益牵引机理主要体现在市场机制作用下，行为主体以获取经济利益或非经济利益为动力，以利益最大化为目标，并以自在和自发的行为方式来影响农业生态环境和农业经济。基于前期对农业生态环境与农业经济耦合系统的特征分析和潜势分析，利益牵引机理可包括短期利益牵引机理和长期牵引机理两个层面。

就短期而言，利益牵引机理主要体现在经济利益方面。按照市场价格规律，短期内农产品市场价格相对稳定，收入与农产品产量成正比。如果忽略了农业生态坏境变化、农业经济可持续发展和农产品质量等现实问题，短期内的利益牵引机理会引导行为主体倾向于"重数量轻质量""重开发轻保护"的单线型、粗放式农业发展模式。就长期而言，利益牵引机理不仅体现在经济利益方面，还会涉及非经济利益，如生态环境、自然资源、农业经济可持续发展、人与社会和谐相处等方面。同时，经济利益在某种程度上会对非经济利益产生正向或负向的影响。比如，人们将经济成果的外溢性用来提高民众的环保意识、研发和普及环境友好型农业生产技术、合理开发和利用农业资源等，都会对非经济利益产生正向影响。相反，如果人们过度重视经济利益而忽视非经济利益，则必将对非经济利益产生负向影响。无论是正向还是负向非经济利益经过一定时间的延迟，将反作用于经济利益，使二者呈现出你中有我、我中有你的利益统一体。因此，农业生态环境与农业经济耦合系统在利益牵引的作用下，要将短期利益与长期利益相结合，并且更加注重长期利益牵引的作用，进而把主体行为的短期目标和长期目标相统一，有效促进耦合系统的协同发展。

二 组织推动机理

农业生态环境与农业经济耦合系统包含的行为主体种类多、数量大，在利益牵引机理的作用下，是一种理论化的交易成本零假设模型。在现实经济社会环境中，农业生产的时滞性和行为主体间的信息不对称，导致分散农户生产存在盲目性和随机性，不但农业生产成本大，而且交易成本也大。降低成本、实现利益最大化的有效方式就是通过政府行为的干预，促进分散农户的协作或合作，通过规模经济和交易内部化等方式，降低运作成本，满足利益最大化需求。

这里以农业组织协作为例来证明组织推动机理对耦合系统的积极作用[①]。假设分散农户（共 X 个）与交易对象（共 Y 个）发生利益关系，则交易次数为：

$$N_1 = X \times Y \qquad (4-1)$$

在每个农户当且仅当选择一个农业合作组织参加活动时，以 n 表示农业合作组织数量，由于存在组织的内部交易和组织之间的交易行为，则交易次数为：

$$N_2 = X + nY \qquad (4-2)$$

假定农业合作组织相对农户分散经营的相对效率为：

[①] 沈宇丹:《环境友好农业技术创新激励政策研究》，博士学位论文，华中农业大学，2009年，第177—178页。

$$E(X,Y) = \frac{N_2}{N_1} = \frac{X + nY}{X \times Y} = \frac{1}{Y} + \frac{n}{X} \qquad (4—3)$$

当 $X > 2$ ，$Y > 2$ 和 $n > 1$ 时，$\frac{1}{Y} < \frac{1}{2}$ ，$\frac{1}{X} < \frac{n}{X} \leq \frac{\frac{X}{2}}{X} = \frac{1}{2}$ ，则 $E(X, Y) \subset (0,1)$ 。

对（4—3）式的 X 和 Y 分别求一阶导数得：

$$E'(X,Y) = \frac{\partial E}{\partial X} + \frac{\partial E}{\partial Y} = -\frac{n}{X^2} - \frac{1}{Y^2} < 0 \qquad (4—4)$$

由（4—4）式可知，$E(X,Y)$ 为递减函数，说明农业合作组织相对农户分散经营的相对效率随着组织化程度的提高而提高，即农业组织化经营比农户分散经营具有更高的效率。因此，通过农业组织化建设，可以降低或减少行为主体的机会主义倾向，减少交易成本，提升行为主体内部化潜在收益，提高耦合系统的运行效率。

三　信息强化机理

农业生态环境与农业经济耦合系统作为现代经济社会的一部分，既要保障自身信息流的畅通，又要实现与系统外的信息交流顺利进行，具有现代信息经济时代的重要特征。各行为主体通过对信息的甄别、传递和获取，采取有针对性的应对措施，可以强化趋利避害的主观意愿，实现利益最大化。

然而，由于市场环境中存在信息不对称，需要运用经济手段对信息进行甄别，以去粗取精、去伪存真。市场行为的逐利性导致实践中存在失真现象，而对于具有公共产品属性的农业生态环境与农业经济耦合系统而言，信息流仅依靠市场行为是很难得到保障的，更谈不上通过信息交换强化耦合系统的良性发展。农户作为农产品的主要生产者和市场供给者，一方面囿于自身能力的局限，对环境友好型农业的相关信息，在认识上不能完全接纳，在实践中也不能被有效应用。另一方面农业生产资料的市场供给者作为信息优势方，出于自身利益最大化的需求，往往会对信息的甄别和传递施加影响，造成信息不对称的程度进一步加强。因此，政府行为要超出市场行为的不利影响，保障信息流的顺畅运转，增强农户获取信息的意愿和能力，并通过组织建设，如农业合作组织、行业协会和农业生态环境保护机构等，加强对信息的甄别和传递，突出信息对耦合系统内各要素的联系，以信息协同强化系统的协同效果，促进系统的良性循环和可持续发展。

四 科技支撑机理

随着生产水平的提高，人类经济活动面临的一个重要问题就是生态系统自净能力的限制，科技是解决农业生态环境与农业经济耦合系统协同发展的主要手段。然而，在现实的耦合系统中，科技表现出非对称性特征，即农业生态资源的开发利用技术与农业生态环境的保护技术不匹配，且前者远远超出后者，导致科技不能有效支撑耦合系统的协同发展。

事实上，建立农业生态资源开发利用技术与农业生态环境保护技术是有效解决耦合系统协同发展的重要内容。科技在开发、利用和环保等方面的统一就是在减少生产的外部边际费用，降低废弃物的排放和农业生产资料的过度消耗，促进各种资源的循环利用，提高生产要素的利用率，达到减少内部边际费用的目的。所以，通过科学技术对耦合系统的影响，在减少农业生产成本的同时增进了农业内部的经济性，行为主体在实现经济效益的过程中，也增加了农业生态环境效益。科技在农业生态开发、利用和保护中的应用，不但是针对行为主体的微观策略，更重要的是要针对整个耦合系统，将单元技术的生态化拓展到技术系统的生态化，涵盖农业生产技术、产业结构、现代科技价值观念、技术研发与应用等，形成科技支撑的系统性和整体性，有利促进农业生态环境与农业经济的耦合协同发展。

五 政策导向机理

从农业生态环境与农业经济耦合系统的属性特征来看，系统协同发展离不开以政策为手段的政府行为。政策导向体现在直接导向和间接导向两个方面，首先，政府行为通过相关政策的制定、颁布和实施，表征政府在促进农业生态环境与农业经济协同发展的导向作用;其次,政策法规是政府行为对市场行为进行经济、行政和法律干预的制度化,用以平衡和消解系统的相关行为主体的外部经济。

在政策的直接导向方面,主要表现在对不同的农业生产经营方式的监管和奖惩。如设定农业生态可持续发展的强制性指标约束,对不达标的农业生产进行监督和处罚,反之进行奖励。通过正反两方面的政策法规的约束或激励,增加或减少农产品供给的外部成本,引导行为主体理性选择最佳的发展路径。当然,农业生态环境与农业经济耦合系统具有较强的外部性,当行为主体突破政策的直接导向时,需要相应的法律法规实施硬约束,以确保主体行为回归到农业生态环境发展的可控范围内。

在政策的间接导向方面,主要是运用经济手段调控行为主体的成本和收益。如以税收方式控制或削减化肥、农药、地膜等危害农业生态环境的生产和施用,以补贴的方式引导和鼓励环境友好型农业的发展。理论上,税收应等于非环境友好型农业的外部成本,补贴应等于环境友好型农业的外部效益,并将税收与补贴有效结合,以经济杠杆撬动耦合系统的可持续发展。实践中,对非环境友好型农业的外部成本与环境友好型农业的外部效益进行科学量化分析,需要政府行为或独立第三方开展系统研究,明确非环境友好型农业对生态环境造成的价值损失,以及环境友好型农业对生态环境的价值增值,帮助行为主体扩张利益视角,促进行为主体自觉维护农业可持续发展,实现农业生态环境与农业经济的协同发展。

六 文化激励机理

农业生态环境与农业经济耦合系统存在于特定的经济社会环境中,文化作为人类经济社会的一种隐形力量无时无刻地对耦合系统产生着潜移默化的影响和作用。文化相对于物质世界的利益、组织、科技、信息和政策等表现出无形的特征,但是文化又是具有特定规则、内容和模式。农业生态环境与农业经济耦合系统存在于特定的地域、特定的时间和特定的文化环境中,全面考察耦合系统的协同发展问题就不可回避文化的影响和作用。

中国农业至少有七千年以上的历史，相伴而生的农耕文化更是博大精深。比如现代生态农业雏形的"三才论"是中国生态哲学的基础，指明了人们认识自然规律、尊重自然规律和按照自然规律办事的方向；包罗万象的"阴阳五行说"理论上阐述了客观事物的多样性和复杂性，从实践的角度提出了生物与环境关系的重要性，以及水热条件与生物生长的关系；农业生产中"因地制宜、因时制宜、因物制宜"的"三宜"原则构成了中国古代环境生态学的基本原理，深刻揭示了生物与环境协调关系的必要性和可行性。

然而，随着现代科学技术的发展，高产、高效的石油农业替代了传统农业，为人类发展提供了丰富而可靠的生活资料和生产资料，支撑了现代经济社会的快速发展。同时，由于石油农业导致的水土流失、环境污染、地力下降、资源衰竭、生物多样性减少等一系列问题，引发了人们关于生态文明的思考。21世纪以来，中央一号文件连续关注"三农"问题，不断强调人与自然关系的重要性，2014年提出"促进生态友好型农业发展、开展农业资源休养生息试点、加大生态保护建设力度，建立农业可持续发展长效机制"，2015年将"绿色化"作为中国全面建设小康社会的重要组成部分，2016年提出"加强资源保护和生态修复，推动农业绿色发展"，以生态文化建设教育、启迪和激励全民，对传统农业和石油农业进行有针对性的扬弃，以文化软实力、软约束有力推进农业生态环境与农业经济的协同发展。

第五节　农业生态环境与农业经济耦合系统协同发展效应

农业生态环境与农业经济耦合系统的复合性、统一性、开放性、差异性和可控性表明系统具有耗散结构特征。根据热力学第二定律[①]，耗散结构中的能量沿着从有效能量向无效能量的方向转化，即熵的耗散方向转化。在耦合系统中，熵增量（dS）由系统与外界交换的熵（deS）和系统内部产生的熵（diS）两部分组成，即：

[①] 苗东升：《系统科学精要》，中国人民大学出版社2010年版，第15—18页。

$$dS = deS + diS \tag{4—5}$$

因为任何系统的 diS ≥ 0，所以耦合系统通过不断吸收外界的负熵流（deS）来抵消系统内部的熵增量（diS）。当负熵流在抵消系统内部熵增量并且使系统熵增量减少，耦合系统就进入相对有序状态。

根据耗散结构理论，耗散结构只有在系统保持"远离平衡"的条件下才有可能出现[1]，非平衡是有序的基础和前提。一般而言，系统的平衡状态是一种稳定状态或趋于稳定的状态，系统在"远离平衡"时就进入到一种不稳定的状态，尤其在外界条件的影响下，系统会向稳定状态演变，最终形成有序结构[2]。耗散结构与平衡结构有着本质的区别：平衡结构是一种静态的稳定结构，因系统封闭与外界隔离而孤立，表面上的稳定实则具有相当的不稳定性。耗散结构是一种动态的稳定结构，在开放环境中，系统受各种因素的影响而超越平衡状态，进入"远离平衡"的非平衡状态，在运动中形成相对稳定结构，并为下一轮"远离平衡"做好准备。

在耗散结构理论的基础上，协同论进一步阐释了非平衡系统的自组织运动规律，即开放系统由无序到有序的转变机理和有序结构产生的具体规律[3]。具体而言，系统的存在与发展受到快变量和慢变量两种基本力量的影响，快变量表现为在系统受到干扰而不稳定时，总是企图使系统达到稳定状态；慢变量表现为在系统受到干扰离开稳定状态时，促使系统走向新的稳定状态；二者相比，快变量衰减快，慢变量衰减慢，在系统从稳定状态向非稳定状态转变过程中，快变量的影响不大，慢变量具有决定性作用，但二者相互联系，相互作用，均不能独立存在[4]。如

---

[1] 蒋满元：《耗散结构、协同效应问题与区域可持续发展》，《河北科技师范学院学报》（社会科学版）2007年第4期。

[2] 蒋满元：《耗散结构、协同效应问题与区域可持续发展》，《河北科技师范学院学报》（社会科学版）2007年第4期。

[3] [德] 赫尔曼·哈肯：《协同学：大自然构成的奥秘》，凌复华译，上海译文出版社2013年版，第47页。

[4] 蒋满元：《耗散结构、协同效应问题与区域可持续发展》，《河北科技师范学院学报》（社会科学版）2007年第4期。

果原来的稳定状态是一个无序状态,那么新生成的稳定状态就是一个有序状态;如果原来的稳定状态是一个有序状态,那么新生成的稳定状态就是一个新的有序结构,也就意味着系统的进化。因此,快变量与慢变量协同运动,在没有系统外部指令的情况下,系统内的各子系统按照一定的规律生成特定的系统结构和相应的功能,即表现为系统的自组织现象[①]。

自组织现象是系统自组织能力的外在表象,外在表象是由系统的内在性和自生性决定的。在促使系统从无序结构到有序结构的转变过程中,或在促进有序结构的进化过程中,系统的自组织能力在自身内在力量的驱使下出现协同效应。协同效应不但促进了农业生态环境与农业经济耦合系统的自动化、复杂化和高级化,而且也决定了农业生态环境与农业经济耦合系统的协同发展。协同效应不是要达到一般的静止稳定状态,也不是各子系统完全同步的发展状态,而是一种动态的"协同作用效果"。系统整体的协同效应可能会伴随存在某个阶段或某个区域的局部非协同现象,由于决定系统整体结构和功能的关键在于各子系统之间的协同效应,所以局部的非协同对系统整体的协同效应没有决定性影响作用。各子系统之间的协同行为将不同的子系统连接成为统一的耦合系统整体,当协同效应大,耦合系统的整体结构和功能优化,必将产生 1 + 1 > 2 的结果;当协同效应小,耦合系统内各子系统相互离散或内耗,耦合系统的结构出现破裂、整体功能恶化,以至于系统陷入无序状态,即产生 1 + 1 < 2 的结果。

耦合系统的协同效应是一个动态的发展过程,在不同的时点和区域有不同的状态表现。所以,对耦合系统的协同效应进行时空识别和评价,有利于充分运用耦合系统协同机理来调整系统的发展变化,促进子系统之间的协同作用,促进农业生态环境与农业经济耦合系统的协同发展。

---

① [美]杰拉尔德·迈耶、[美]约瑟夫·斯蒂格利茨:《发展经济学前沿:未来展望》,本书翻译组译,中国财经出版社 2003 年版,第 185 页。

第六节　农业生态环境与农业经济耦合系统协同发展的主体行为

协同学注重整体论，在对微观行为描述的基础上，强调对宏观的总体描述，以微观描述为出发点，以宏观描述为目标。农业生态环境与农业经济耦合系统具有明显的外部性和公共产品属性，特别是微观行为主体在市场力量的驱使下追求利益最大化，导致了耦合系统的协同缺陷，诸如环境恶化、资源枯竭、经济发展的不可持续性等问题，这也是协同发展研究需要破解的重要问题。为了更好地挖掘和利用耦合系统的潜势，促进耦合系统协同发展，有必要对系统的主体行为进行深入分析。

一　市场行为分析

在市场经济条件下，市场对资源配置具有决定性作用。经济学中的资源有狭义和广义之分，狭义是指自然资源，广义是指经济资源，包括自然资源、劳动力和资本等，是经济社会活动中人力、物力和财力的总和，是经济社会发展的基本条件。在现有的科学技术条件下，农业经济资源相对于人类的需求具有稀缺性特征。如果利用一定的资源生产最大量的产品，或为生产一定量的产品消耗最少的资源，都会涉及资源的配置问题，关系国家或地区经济社会的可持续发展。在中国社会主义初级阶段相当长的时间里，市场是最有效的资源配置方式。党的十八届三中全会也指出，"在资源配置中市场要起决定性作用"。各种资源依据市场竞争规则，即自由竞争和自由交换是资源配置的基本手段，这既是市场机制内的供求、价格、竞争、风险等要素之间互相联系、相互作用的体现，也是价值规律的表现形式。

市场在农业生态环境与农业经济耦合系统中处于配置资源的主体地位，调控农业经济资源的使用，是农业生产的主导性力量。然而，由于市场环境中存在有限理性、外部性和信息不对称等，农业生态环境与农业经济耦合系统的公共产品属性较为明显。耦合系统是农业自然环境与农业人为环境的有机联结，农业成果的获取是自然资源与农业生产共同作用的结果。一方面，在市场利益最大化的驱使下，农业成果的生产追求目标极大化,另一方面,自然资源的稀缺性和有限性必然要求农业生产存在一定的限度,这样就出现了市场行为下的私人边际成本(MPC)与社会边际成本(MSC)差额的存在,即边际外部成本(MEC)。

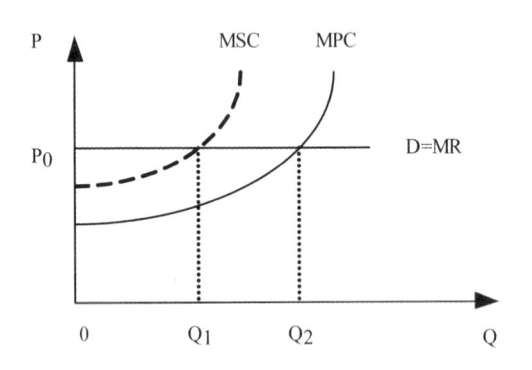

图4—3 经济资源配置失当:MSC >MPC

如图4—3所示,在没有约束的完全竞争市场条件下,不考虑农业生态环境承载能力和农业经济的可持续发展问题,根据人类需求(D)和边际收益(MR),所谓的农业最优产量就是(Q_2),即在均衡价格(P_0)时,MPC与MR的交叉点。然而,农业自然环境的公共产品属性决定了农业生产必须以生态环境的承载能力和可持续发展为前提,如果忽视了这一前提,不顾及生态环境的约束,如超量开采地下水,无节制地使用农药、化肥等,虽然短期的农业最优产量(Q_2)得以实现,但给农业生产带来隐形的和长期的危害,并使农业生产的社会边际成本(MSC)上升,这就意味着农业生产的外部不经济由社会来承担。而对于农业经济整体而言,未来农业最优产量也必然由Q_2下降到Q_1〔即在均衡价格(P_0)时,MSC与MR的交叉点〕。显然,没有约束的市场行为表现为MSC >MPC,而且还会导致$Q_1<Q_2$,在农业生态环境被侵害的过程中,农业生产就有可能进入恶性循环,致使农业可持续发展受到威胁。

同时,假设在没有激励的完全竞争市场条件下,出现MSC <MPC的情况(见图4—4)。这种情况表明,私人边际成本大于社会边际成本,这也预示着二者的差额边际外部成本(MEC)由私人来承担。具体而言,一部分农业生产不但高度重视了生态环境的保护和农业的可持续发展,

而且弥补了图4—3中农业生产对环境造成的破坏。在市场中,理性或有限理性都以自身效益最大化为目标,自身效益最大化也是推动人类社会发展的根本动力,所以 MSC <MPC 的情况出现必然是在市场行为之外的激励力量驱使下形成的。鉴于农业可持续发展目标的实现和激励成本最小的原则,经济资源配置适当是最佳选择,即当 MSC = MPC 时,即可实现均衡价格条件下的农业成果最大化、激励成本最小化和农业的可持续发展。

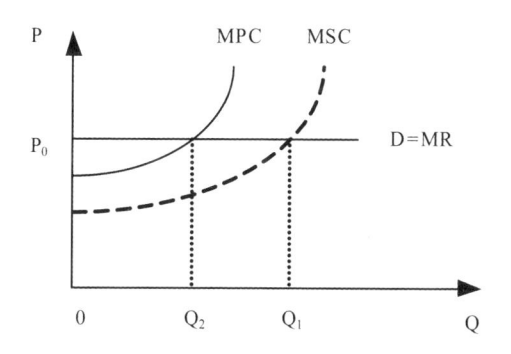

图4—4　经济资源配置失当：MSC <MPC

二　政府行为分析

由于农业生态环境与农业经济耦合系统显著的外在性和公共产品属性特征,农业生态环境的保护和农业的可持续发展需要市场外在力量的激励,即政府行为的干预。政府通过财政支持、行政命令、法律规范等手段,可以有效弥补市场外在性,也可以促进市场的参与者由个体理性向社会理性转变,更加注重生态环境保护和农业可持续发展。

根据科斯定理,只要财产权是明确的,并且交易成本为零或者很小,那么,无论在开始时将财产权赋予谁,市场均衡的最终结果都是有效率的;在现实世界中,科斯定理所要求的前提往往是不存在的,财产权的明确是很困难的,交易成本也不可能为零,有时甚至是比较大的,依靠市场机制矫正外部性是有一定困难的[①]。

---

① 高鸿业:《西方经济学》,中国人民大学出版社2011年版,第329—331页。

在农业产业内部，通过政府行为调控（如税收和津贴），就是科斯定理的一个应用。通过征收种田灌溉费与对科学方法灌溉实施补贴相结合的方法，一方面提高了人们的节水意识，珍惜水资源，另一方面可以促进传统大水漫灌的用水习惯向更加科学的喷灌、滴灌、渗灌等方式转变，加快实现农业的现代化和科学化。通过对农药、化肥、地膜等危害农业生态环境的生产资料征收超标准使用费与开展"替代农业"生产（如自然农法、有机农业、生物动力农业和生态农业等）实施补偿相结合的方法，降低"石油农业"对现代农业的影响程度，鼓励发展生态农业，减少现代农业生产方式对农业生态环境的破坏。

使用企业合并的方法是科斯定理的另一个应用。通过对不同农业生产形式的"内部化"，降低或减少对农业生态环境的不良影响，如种植业与畜牧业的结合，有利于秸秆饲料化和动物排泄物等的综合利用。还有，中国传统农业中"桑基鱼塘系统""庭院生态系统"和"因地制宜、因时制宜、因物制宜"的"三宜"原则[1]，以及现代农业提倡的循环农业模式，都是通过"内部化"消除外部影响的有效途径。然而，在农业发展的历程中，这些仅仅依靠市场力量很难实现，必须借助政府行为，诸如财政支持、信息沟通、法律约束、政策引导等方式，实现农业的可持续发展。

在农业与其他产业的关系中，"工业反哺农业"就是科斯定理的一个具体应用。根据刘易斯模型、拉尼斯—费模型、乔根森模型和托达罗模型等发展经济学理论模型[2]，在人类经济社会的不同发展阶段，产业间的关系也是发展变化的，特别是农业与其他产业的关系也是不同的。党的十六届四中全会指出，在中国经济社会发展的现阶段，已经完成了工业化初级阶段的农业支持工业过程，就应该反过来由工业支持农业，城市支持农村，实现工业与农业、城市与农村协调发展，即确立了"工业反哺农业"的政策取向[3]。随着中国人口增加和经济社会发展，人们对农产

---

[1] 严力蛟：《中国生态农业》，气象出版社 2003 年版，第 1—11 页。
[2] 谭崇台、郭熙保、庄子银：《发展经济学》，山西经济出版社 2004 年版，第 278—322 页。
[3] 任保平、钞小静：《实现统筹城乡发展、工业反哺农业和建设新农村的有机衔接》，《江西财经大学学报》2007 年第 5 期。

品的需求将呈刚性增长,而农产品生产则受到耕地减少、水资源短缺和生态环境恶化等因素的严重制约,增产的困难很大,即便通过增加进口来弥补不足,但农业对于国家的安全战略地位决定了中国不可能过分依赖国际市场,为此就必须实行"工业反哺农业",采取各种有效措施,不断增强农业生产能力和可持续发展水平[1]。

可见,在政府公共财政和公共政策的作用下,农业经济的可持续发展程度会得到一定程度的改善,农业生态环境可以得到积极的保障。然而,如果在面对农业生态环境与农业经济耦合系统的公共产品属性特征时,政府行为不能有效应对,那么政府失灵的现象也会发生。假设两个消费者 A 和 B 同时消费 X 和 Y 两种产品,其中 X 是私人产品,Y 是公共产品。根据社会转换函数、社会福利函数和拉氏函数的计算[2],得出消费者 A 和 B 消费的公共产品对私人产品的边际替代率之和等于 X 和 Y 两种产品的边际转换率,即:

$$MRT_{YX} = MRS_{YX}^A + MRS_{YX}^B \qquad (4-6)$$

其中,MRT_{YX} 为 X 和 Y 两种产品的边际转换率,MRS_{YX}^A 和 MRS_{YX}^B 分别为消费者 A 和 B 消费的公共产品对私人产品的边际替代率。现将 MRT_{YX}、MRS_{YX}^A、MRS_{YX}^B 和 MRS_{YX}(总的边际替代率)绘制在图 4—5 中,MRS_{YX} 是 MRS_{YX}^A 和 MRS_{YX}^B 的水平加总。MRS_{YX} 曲线与 MRT_{YX} 曲线的交叉点 C 表征了公共产品的最优供给量 Y^*。MRS_{YX}^A 和 MRS_{YX}^B 与 T^* 线的交叉点分别为 A 和 B 表征了消费者 A 和 B 愿意为公共产品支付的数额是 T^A 和 T^B,且二者之和为 T^*,亦即 Y^* 数量的公共产品的生产成本是 T^*。在 T^A、T^B 和 T^* 的比较中,理性消费者很显然偏好于最低点 T^B,即愿意支付最少的成本享受相同的福利。

然而,"支付最少的成本享受相同的福利"在现实中也并非期望的那

---

[1] 柯炳生:《工业反哺农业:中国经济社会发展的新阶段》,《农业发展与金融》2005 年第 3 期。

[2] 王凤:《公众参与环保行为的影响因素及其作用机理研究》,博士学位论文,西北大学,2007 年,第 60—62 页。

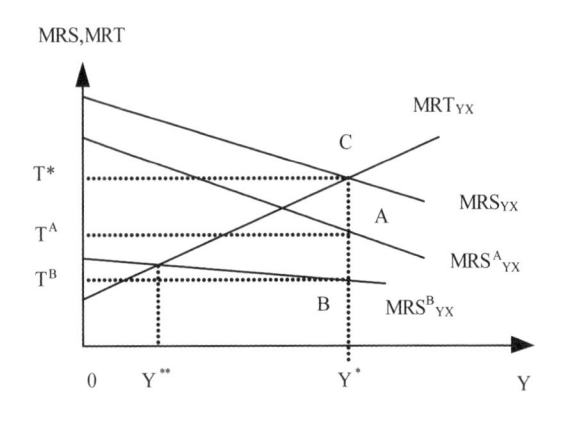

图4—5 政府行为失灵

么容易实现。以 MRS_{YX}^A 和 MRS_{YX}^B 分别代表两个低一级的政府行为，MRS_{YX} 代表高一级的政府行为，两个低一级的政府行为因各自利益而相互博弈，都通过减少对农业生态环境保护的财政支出或有意忽视农业可持续发展等公共产品供给行为，来换取 GDP 指标（或其他政绩考核指标）的增长，最终的结果都是选择成本最小化的行为，导致纳什均衡的出现，Y^{**} 成为博弈者的行为结果。而此时，低一级政府的公共产品供给行为的边际成本等于各自的边际收益，却小于社会的边际收益。若从动态的视角来观察，博弈者会在不断的博弈过程中降低各自的边际成本，从而使单个博弈者的边际收益与社会边际收益相差越来越大，出现农业生态的恶性循环，导致农业的不可持续发展。因此，农业生态环境与农业经济耦合系统的协同发展需要不同层级的政府行为相互协调，在共同的信息平台上进行整体政策体系设计和运行，强化衔接、减少重复、杜绝寻租行为，尽可能地防止政府失灵行为的发生，以耦合系统的协同政策体系引导农业的可持续发展。

三 农户行为分析

农户行为的分析是建立在市场行为分析和政府行为分析的基础上，因为农户作为农业生产的主要成员，不但是农业生态环境与农业经济耦合系统中人口要素的重要部分，更是对耦合系统施加影响的主体，而农户行为又受到了市场和政府双重力量的影响，并以自身实践为依托开展农业活动。

假设农户行为在信息对称、完全竞争的市场环境中，受自身利益最大化的驱使，必然是忽视农业生态环境、重视农业产量。在自身生态环保意识淡薄或刻意淡化对农业生态环境这一公共产品属性的"尊重"，任意超标使用农药、化肥、地膜等人工要素，超量开采地下水和过度使用耕地等短期利己行为，却造成了长期的生态环境隐患和农业生产的不可持续发展，甚至出现农业产量萎缩、农业成果品质下降和农业生态环境受损的恶性循环。

同时，农户在市场环境的影响下还存在自矫正能力。农户既是农业生产的主体，又是农业成果的所有者、售卖者和受用者，农产品的价值实现直接关系到农户的自身利益，诚如马克思在描画商品所有者在售卖过程中"战战兢兢，如履薄冰"的心态一样，农户在"最后的惊险一跳中"必定会竭尽全力地实现农产品价值。不同的农产品在市场上交换时具有相应的价格，消费者也会对含有环境污染的农产品、绿色农产品、有机农产品等不同类型的农产品价格差异产生认同感。因此，农户就可以从市场中的农产品价格差异信号获取从事环境友好型农业生产的意愿和动力，进而促进农业生产与农业生态环境的协同发展。

但是，面对自由竞争和无约束的市场环境，农户可能存在机会主义的冒险行为，对在市场售卖的农产品进行以次充好，谋取不正当利益。当这种情况出现，市场力量就会显得力不从心，甚至出现不对称信息理论中的"劣币驱逐良币"的现象。由此，就必须依靠市场之外的政府行为、道德规范、文化教养等途径加以改进，而道德和文化是一种隐型和长期的潜移默化作用，政府行为就是一种显型和短期的立竿见影的影响，比如通过法律法规、行政命令等对不良行为加以约束。

农户除了接受市场的引导和政府的约束外，还会受到来自政府的政策激励和财政支持。在农业生产实践中，农户存在生产行为惯性。传统农业向现代农业的演进过程包含了"石油农业"的发展历程，而以农药、化肥、地膜等生产要素的大量投入使农业生产产生依赖性，耕地质量恶化、病虫害的抗药性增强、地下水位不断下降等需要投入更大量的农业生产要素加以平衡，如此形成的农业生产行为惯性很难通过农户的自觉行为加以改进，政府行为的引入尤为关键。同时，农业生态环境与农业经济耦合系统的公共产品属性必然要求政府行为的参与，通过政策引导教育，提升农户生态环保意识，在财政经费配给上给予农户进行生态农业生产的鼓励和支持，从多方面促进农户改变现有的"石油农业"生产模式，更好地进行环境友好型的农业生产，实现农业生态环境与农业经济的协同发展。

第七节　本章小结

本章从农业生态环境与农业经济耦合系统的高效与集约目标、协调与和谐目标、可持续演进目标出发，分析了耦合系统利益协同、组织协同、信息协同和科技协同等协同发展的内容，剖析了耦合系统原态性与新质性、相生性与相克性、静态性与动态性、反馈性与整体性等协同发展的特征，深入探讨了耦合系统利益牵引机理、组织推动机理、信息强化机理、技术支撑机理、政策导向机理和文化激励机理等协同发展的机理，并运用系统论和耗散结构理论分析了耦合系统协同发展效应问题，提出了影响农业生态环境与农业经济耦合系统协同发展的市场行为、政府行为和农户行为分析视角，为后续实证研究提供主体行为分析的理论基础和对策实践的可行性依据。

第 五 章

河南省农业生态环境与农业经济现状分析

河南省农业生态环境与农业经济耦合系统协同发展研究是建立在相关研究成果和相关理论基础上，从河南省农业生态环境与农业经济的现状入手，定性分析农业生产活动对农业生态环境与农业经济协同发展产生的影响、取得的成绩和存在的问题，并试探性地对存在问题的原因进行探讨。

第一节 河南省农业生态环境与农业经济现状

一 河南省农业生态环境现状

河南省简称"豫"，因大部分地区位于黄河以南而得名，是中华文明和中华民族最重要的发源地之一。河南省位于中国中部偏东、黄河中下游，处在东经110°21′—116°39′和北纬31°23′—36°22′，东西长约580千米，南北长约550千米；河南省地处亚热带向暖温带过渡的地区，具有亚热带和暖温带的气候特征，属暖温带—亚热带、湿润—半湿润季风气候；以秦岭—淮河为界，北部为暖温带，面积约占全省面积的70%，南部为亚热带；全省年降水量600—1400毫米，自南向北递减。无霜期为190—230天，日照时数1740—2310小时；河南省地处中国地势第二阶梯向第三阶梯的过渡带，全省地势西高东低，西部山地绵延起伏，海拔高千米以上，东部为平原，海拔在百米之下；北、西、南三面分别是太行山脉、伏牛山脉、桐柏山脉和大别山脉等沿省界呈半环形分布,中、东部为华北平原南部,是广阔的黄淮冲积平原,西南部为南阳盆地;东接安徽、山东,北界河北、山西,西连陕西,南临湖北,呈承东启西、通南达北之势(见图5—1);全省土地面积16.7万平方千米(居全国第17位,占全国总面积的1.74%),其中山地面积约4.4万平方千米(占全省总面积的26.6%),丘陵面积约3万平方千米(占全省总面积的17.7%),平原面积约9.3万平方千米(占全省总面积的55.7%);河南省耕地面积为8156.76千平方公顷(居全国第2位,占全国耕地面积的6.5%),绝大多数耕地具有土层深厚、营养元素含量丰富的特点;省内有黄河、淮河、汉水、海河四大水系,大小河流1500多条,大中小型水库2394座,水库容量267亿立方米,加上地下水资源,全省水资源总量年均430亿立方米[①]。

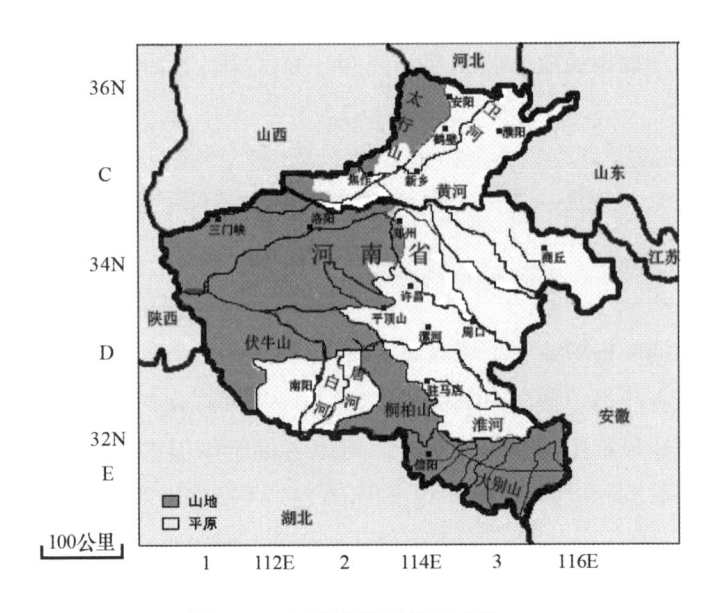

图5—1 河南省地理情况示意

资料来源:《新编实用中国地图册》,中国地图出版社2005年版,第57页。

---

① 河南省农业农村厅:《河南农业概况》,2015年10月21日(http://big5.xinhuane)。

河南省由于独特的地理位置、地貌特征和气候条件，洪涝、干旱等自然灾害相对频发，农业生态环境比较脆弱，农业生态环境承载力相对较低。据《2014河南环境状况公报》显示，全省水土流失较为严重，特别是黄河流域和淮河流域的水土流失现象比较突出；全省耕地保有量、基本农田保护率和旱涝保收高标准基本农田建设等还与国家粮食战略工程河南核心区建设的要求存在一定差距，相应的目标考核评价体系和建设措施还亟需完善；农业面源污染严重，化肥、农药过量施用，地膜等农业自身废弃物回收率低，都造成了生态环境的污染和恶化，农业生态环境承载力不足；河南农村传统生活生产方式中生活污水排放、生活垃圾排放、粪便排放和种植养殖废弃物排放等逐年递增，农村的生态环境问题仍然比较突出。

二 河南省农业经济现状

河南省地理、气候条件适合多种农作物生长，境内山脉绵延起伏、耕地肥沃、水系众多，河南省物产丰富，为农业生产奠定了良好的基础。河南省作为农业大省，粮棉油等主要农产品产量均居全国前列，是全国重要的优质农产品生产基地；2013年，全省总播种面积达14323.54千公顷，其中主要是种植粮食作物，粮食总产达到5713.69万吨（列全国第1位）；小麦产量3226.44万吨；油料总产量589.08万吨，花生产量471.37万吨，油菜籽产量89.80万吨，芝麻产量26.86万吨；蔬菜总产7112.57万吨，水果总产量1711.37万吨，烟叶产量34.65万吨。河南省也是全国重要的畜产品生产基地，2013年，全省肉类总产量达699.05万吨，禽蛋产量410.23万吨，奶产量328.77万吨；全省农机总动力达到11149.96万千瓦，有大中型拖拉机35.78万台，小型拖拉机351.32万台；小麦、芝麻、黄红麻产量居全国第一位，棉花、油料、烟叶产量居全国第二位；河南省小麦种植面积大，占粮播面积的54%，产量占全国的20%以上，高居全国第一；玉米是仅次于小麦的第二大粮食作物，是河南省最主要的秋粮作物。薯类作物是河南省第三大类粮食作物，是一种较为重要的秋粮作物；水稻是河南省的第四大粮食作物，种植面积占全省粮食播种面积的4%，其产量占全国总产量的8%；大豆在河南省的播种面积和产量仅次于黑龙江省，是中国第二产豆大省；棉花是河南省第一大类经济作物，总产量居全国第二位，是河南省农业经济的重要支柱之一；烟叶是河南省仅次于棉花的第二大类经济作物，总产量一直居全国首位，是全国规模最大的烟叶生产基地；截至2014年，河南省辖18个地市，158个县（区），4万多个行政村，农林牧渔业总产值达到7549.11亿元，全省总人口10601万人（列全国第1位），其中农业人口5958万人，占全省总人口的56.2%[1]。

2002—2014年，河南省粮食产量连续十三年增产，在国务院批准的三个国家级粮食生产核心区中居于重要地位，用占全国1/16的耕地，生产了全国1/4的小麦和1/10的粮食，并远超吉林省和黑龙江省的粮食产量，是全国名副其实的粮食生产大省。然而，河南省农业生产所取得的成绩是建立在耕地的过度使用和农机、农药、化肥、地膜等过量投入的基础上，其中化肥施用量、农业用电量、农业机械总动力、农用柴油量、农药使用量和农用塑料薄膜使用量等主要农业生产资料分别占据全国总量的11.77%、3.53%、10.62%、5.26%、7.22%和6.73%[2]，都超过了全国同等省份的平均使用量，特别是化肥、农药和农业机械总动力更是远远超出了粮食生产的一般要求，造成农业生产资料的投入低效率。此外，根据国家粮食战略工程河南省核心区建设规划，粮食总产量成为考核的重要指标，从而引致了农业生产追求数量、忽视质量的现实，给农业生态环境带来相当程度的负面影响，削弱了生态环境对经济发展的承载能力，不利于河南省农业的可持续发展。

第二节　河南省农业生态环境与农业经济存在的问题

河南省农业经济取得的成就离不开农业生态环境的支撑，农业生态环境因农业经济的发展而产生了巨大变化。在农业生态环境与农业经济的关系上，二者势必会在要素层面、结构层面和功能层面彼此影响、相

---

[1] 河南省农业农村厅：《河南农业概况》，2015年10月21日（http：//big5.xinhuane）。
[2] 注：根据国家统计局"国家数据"的相关信息整理获得（http：//data.stats.gov.cn/easyquery.htm？cn=E0103）。

互作用。

一 河南省农业生态环境与农业经济之要素层面的问题

农业生态环境与农业经济要素层面的关系包括人口、资源、环境、物质、资金和技术六大要素之间的关系。首先，就河南省的省情特征来看，河南省农业人口众多，56.2%的农业人口比例远高于全国农业人口的平均水平，相对于稳定的农业生产资源而言，农村剩余劳动力过多，庞大的农村剩余劳动力在不能有效实施产业转移的情况下，往往造成人力资源的巨大浪费。同时，根据《河南省中长期人才发展规划纲要（2010—2020年）》，河南省农村实用人才总量2015年才刚刚达到180万，占农村劳动力总量的3%左右。巨大的人口资源不仅不能转化为现实生产力，反而给农村生活和农业生产带来较为明显的边际负效应，表现为生产规模小、生产效率低下，造成对资源的过度消耗和对生态环境承载能力极限的挑战。其次，河南省农业生产的粗放式发展特征还比较明显，较高的资源投入、较高的物质消耗、较高的农业面源污染和较低的农业生产效率形成了独特的河南省农业"三高一低"现象，集中体现在自然物质条件和社会物资条件两个方面。就自然物质条件而言，对土地的无序开发、侵占耕地、过度耕种等严重影响了耕地质量，削弱了土地资源的可持续利用程度；河南省农业用水模式还主要是大水漫灌，现代化的滴灌、喷灌模式还没有大规模地应用和推广，导致了水源上游的水资源过度消耗和浪费，而下游农业生产只能是"望天收"。其中黄河水系和淮河水系的低效率用水模式尤为明显，不但给河南省域的农业生产造成不良影响，甚至对山东省和安徽省等下游省域也带来了一定的负面效应，成为困扰省际关系的 个重大问题。最后，河南省农业生产的资金缺口还相当大，支撑农业生产的相关技术远远不能满足推进农业生态环境与农业经济的协同发展。虽然中央"一号文件"连续十几年持续关注"三农"问题，河南省对"三农"也投入大量资金予以扶持，但囿于河南省农业基础薄弱，农业基建"欠账"积累过多，即便在资金投入增长率较高的情况下，现有的农业生产条件支撑现代农业发展还是显得"力不从心"。比如农业用水管道建设还相当滞后，生态农业网络建设还远没有实现。此外，现代农业技术作为连结农业生态环境与农业经济的纽带，并没有真正有效地促进二者的协同发展，还处于由传统农业技术向"石油农业"技术的过渡，甚至在河南省相当多的农村地区（特别是伏牛山区）还沿袭着"面朝黄土背朝天"的传统农耕模式，经济效益和社会效益低下，生态效益更是无从谈起。

二 河南省农业生态环境与农业经济之结构层面的问题

农业生态环境与农业经济的结构关系主要体现在农业经济对农业生态环境的主导性，农业生态环境对农业经济的承载能力，技术系统对农业生态环境与农业经济连接与促进作用上。首先，就河南省农业生态环境与农业经济的结构关系而言，农业经济的发展主导并影响了农业生态环境的演变，农业生态环境质量的下降，削弱了生态环境对农业经济的承载能力，并阻碍了农业经济的可持续发展。河南省作为全国第一人口大省和粮食生产大省，仅小麦产量就占据了全国小麦总产量的1/4还多，粮食作物的生产既是关乎全省人民温饱的基础，更是国家粮食安全战略的基本保障。河南省以占全国6%的耕地养活了占全国8%的人口，连续15年粮食总产量全国第一，为国家粮食战略工程做出了巨大贡献[1]，是国家名副其实的"大粮仓"。虽然种植面积"稳中有扩"、粮食产量"稳中有增"、高产农作物种植比例较大，但是耕地面积拓展空间有限、粮食产量增长空间有限、农业基础设施薄弱、粮食生产产业化程度不高等问题日益严重，这与农业生态环境具有密切的关系：一方面，农业生产耕作简单化、经营粗放化，致使农业经济产量降低、效益低下；另一方面，农业生态环境的"白色污染"（化肥、农药、农膜）和"黑色污染"（水、环境）导致了耕地有机质含量减少，土地板结，地力下降等问题不断出现，农业经济和粮食生产能力的可持续性大大减弱[2]。其次，就农业技术在连接农业生态环境与农业经济的关系而言，河南省的农业技术相对落后，不能

---

[1] 陈锋正、刘新平、刘向晖：《河南省粮食生产存在的问题及解决途径分析》，《农业经济》2015年第12期。

[2] 陈锋正、刘新平、刘向晖：《河南省粮食生产存在的问题及解决途径分析》，《农业经济》2015年第12期。

有效连接农业生态环境与农业经济,达到促进二者耦合协同发展的目标。农业生态技术的推广与应用落后于全国平均水平,与环境友好型资源节约型社会建设目标还有相当大的差距。特别是在新常态下,工业化、农业现代化、城镇化和信息化协同推进可以有效对冲经济下行压力,提振经济增长速度和发展质量,为经济社会转型创造条件①。但是,在河南省农业生产实践中,农业经济快速增长与农业生态环境不断恶化相伴而生,现代农业技术不但没有缓解二者在新常态下的矛盾,反而在农业生态环境与农业经济的物质转化和能量转移过程中参与度较低,严重影响了物质流、能量流、价值流和信息流的顺畅运转和沟通,从而使农业生态环境与农业经济呈现出单向性的发展趋向,技术系统还不能支撑农业循环发展和可持续发展。

三 河南省农业生态环境与农业经济之功能层面的问题

河南省农业生态环境与农业经济在功能层面的问题肇始于结构层面的问题,系统的结构决定了系统的功能,而系统的功能是系统结构的表现,因此农业生态环境与农业经济功能层面的问题主要体现在它们各自内部以及二者之间的物质流、能量流、价值流和信息流存在的问题中。首先,就河南省农业生产过程中的物质流和能量流而言,物质流的有效循环并未真正形成,而能量流的衰减又在加速进行,物质流作为能量流的客观载体也并未延长或削减能量流的衰减。以河南省农作物秸秆回收利用为例来考察,理论上秸秆经过相关产业加工可以成为工业原料、农业生产肥料、畜牧业饲料、能源开发燃料和食用菌的基料等,但由于秸秆回收利用的产业链不完善,每年河南省农业生产的大量秸秆不能变废为宝,反而成为各地政府和农户的巨大负担。《人民日报》(2015年10月21日第11版)以《秸秆禁烧,基层干部苦干又苦恼》为题,报道了河南省太康县在秸秆禁烧工作中,虽然投入大量人力、物力、财力,但最终效果不尽如人意,充分揭示出河南省秸秆治理工作的困境。如果仅以河南省主要粮食作物小麦和玉米来

---

① 陈锋正、刘新平、刘向晖:《经济发展新常态下城镇化与粮食生产问题分析》,《农业经济》2015年第10期。

统计，按照谷草比 1∶1.5 测算，2014 年小麦、玉米的产量分别是 3329 万吨和 1732 万吨，二者所产秸秆总量近 7592 万吨，约占全国秸秆总产量的 9%，如此巨大的农业物质资源不但没有得到充分的循环利用，反而为了防治农户焚烧秸秆，政府需要花费巨资去监督、督导农户行为，然而其结果往往是年复一年的"劳民伤财"，政府行为对农户行为的"围追堵截"也并未缓解秸秆焚烧对生态环境带来的负面影响。除此之外，水资源和土地资源在农业生产中粗放式开发利用导致相关物质流无序和无效消耗，地表水和地下水过度使用，水土流失和耕地质量下降，严重影响了农业的可持续发展。其次，就河南省农业生态环境与农业经济的价值流和信息流而言，农业产品所包含的生态环境信息不能通过市场行为得到真实反映，诸如无公害产品、绿色产品和有机产品等信息存在不实甚至虚假的情况，严重扰乱了市场秩序，也削弱了相关农产品在正常市场的流通，阻碍了其使用价值的有效转移和价值的转化。如果继续沿着这个思路来考察，可以发现不顺畅的价值流和信息流不但对经济社会发展产生不利影响，而且还会反作用于农业生产实践活动，加剧农户行为对农业生态环境保护的忽视和漠视，甚至为了追求高收益而强化农药、化肥的施用，出现自用农产品与售卖农产品的二分生产形式，这既是对整个经济社会的毒化，也不利于农业现代化和农业生态的发展。

第三节　河南省农业生态环境与农业经济存在问题的原因探讨

河南省农业生态环境与农业经济在相互作用的过程中，既促进了农业经济的发展，又在一定程度上影响了农业生态环境，二者在要素层面、结构层面和功能层面存在的问题集中体现在二者协同发展的基础相当薄弱、主体共识尚未形成、主体行为尚需规范上。

一　农业生态环境与农业经济协同发展的基础相当薄弱

农业生态环境与农业经济协同发展的条件在于区域农业的硬件基础和软件基础能够有效支撑二者的协同发展。河南省虽然是全国的农业大省和经济大省,但农业的整体现代化水平还不高,现代化的农业生产模式和生态农业生产模式还没有成为河南省农业的主导性力量,导致农业生态环境与农业经济协同发展的基础相当薄弱,这既有技术性的原因,也有制度性的原因。就技术因素而言,河南省平原地区的农业生产基本上实现了机械化种植和收割,具有显著的"石油农业"特征。大量机械、柴油、电力的投入是粗放型而非集约化,造成水资源的浪费和相应的农业生产资料如化肥、农药、地膜等过量使用,给农业生态环境带来巨大伤害。在河南省太行山区、伏牛山区、桐柏山区和大别山区,农业生产还处于相对落后的状态。一方面,由于地形地势的影响,机械化的农业生产不便展开,生产效率相当低下;另一方面,由于山区气候因素和水利条件的限制,传统农耕模式下的农业产量没有保障,农业经济的整体水平不高,从而反作用于改善农业生态环境的能力不足,出现了农业生态环境与农业经济处于"贫困陷阱"而不能自拔。就制度因素而言,河南省农业合作化程度和产业化程度较低,与现代农业发展趋势不适应。在农业合作化方面,河南省虽然推进了多村整合、合作经营,但囿于农村传统生活方式和农业生产方式的固化,农户单体经营的模式还相当普遍,往往是小型农机作业和"单打独斗"式的农业经营,这不但与现代化的农业生产和机械化作业不匹配,而且还造成农业生产效率低下和抵御自然风险的能力不足。同时,农业产业链条短,且延伸和辐射能力弱,无公害农业、绿色农业和有机农业生产还没有成为农业生产的主流,政府行为主导往往是量的目标取代质的要求,导致了河南省连续多年粮食丰收增产,但因为农业产品深加工程度低,无公害、绿色和有机农产品不能占据市场有效份额,其结果是不能将丰产带来增收,挫伤了农户生产经营的积极性和主动性,严重影响了农业经济的发展。

二 农业生态环境与农业经济协同发展的主体共识尚未形成

农业生态环境与农业经济协同发展的前提是行为主体对二者协同发展具有清醒的认识和普遍的共识。农业生态环境与农业经济的协同发展需要行为主体的参与和创造,主体行为来源于主体意识的支配,主体意识是促进农业生态环境与农业经济协同发展的前提。然而,政府、市场和农户作为农业生态环境与农业经济协同发展的三大主体，对于农业生态环境保护和促进农业经济发展的共识尚未完全形成。首先，就政府行为而言，一方面，政府为了保障国家粮食战略安全，在农业产量和农产品质量的取舍中必然更加注重前者而忽略后者，其结果是为了提高产量而各种生产手段无所不用其极，从而造成了农业经济的发展建立在农业生态环境不断恶化的基础上；另一方面，政府行为对农业生产成绩的考评往往侧重于农业经济的结果，忽视农业生产的过程，对农业生态环境的关注相对滞后，导致经济的发展与生态环境质量的下降相伴而行。其次，就市场行为而言，市场行为的初衷就是追求私人利益最大化，对于像生态、环境等公共产品表现出的"公地悲剧"时有发生。理论上，市场机制在引导和规范相关主体参与经济活动是有效率的，但河南省的整体经济社会结构并不具备完善的市场条件，还不可能有效引导农业经济活动科学发展，对于农业生态环境的保护更是无从谈起。最后，就农户行为而言，农户是直接作用于农业生产的行为主体，在政府行为和市场行为的双重作用下，农户行为对于农业生态环境与农业经济协同发展具有决定性的意义。然而，河南省农业人口整体素质和受教育水平不高，政府行为是约束农户行为的显性力量，市场行为是引导农户行为的隐性力量，显性力量和隐性力量在相互博弈的过程中，农户受自身认识能力的限制，对农业生态环境的长远利益和农业经济的短期利益往往不可能兼得。即便随着经济的发展和社会的进步，农户能够逐渐意识到发展经济与保护生态环境的重要性，但囿于外部力量的影响，诸如政府行为激励不足，市场行为逐利性的诱导，农户对于协调经济发展与环境保护的意识也就显得相当脆弱。

三　农业生态环境与农业经济协同发展的主体行为尚需规范

农业生态环境与农业经济协同发展的关键在于主体行为能够推进二者的协同发展。行为主体不但是人类经济社会演变的参与者，而且还是具有创新精神和实践能力的创造者，农业生态环境与农业经济的协同发展是人类社会进步与发展的客观要求和必然选择，政府、市场和农户等行为主体要从自身实际出发推进二者的有序、合理发展。首先，政府行为与市场行为的融合、统一是推进农业生态环境与农业经济协同的发展的重要内容。农业生态环境具有公共产品属性，农业经济的发展需要符合市场经济运行规律，二者的协同需要政府与市场的关系协调，市场机制调动经济运行的积极性、主动性和创造性，政府通过规范、约束、强制等手段保障社会整体利益的公平，维护资源分配更加有效率。就河南省的实际情况而言，政府应该通过相应的制度建设，诸如农村土地制度改革、户籍制度改革、农产品流通制度改革等，释放政府权力，激发市场活力，调动市场力量参与农业生态环境的保护，增强农业经济发展潜力，并以更加规范的制度安排，削减农业生产中的资源浪费和农业生产污染。其次，河南省作为全国人口大省，农业剩余劳动力经过相应的教育和培训完全有可能转化为农业产业链的合格劳动力，实现河南省由人力资源大省向人力资源强省的转变，既解决了农业劳动力过剩的问题，又从农业产业转型的角度改变当前农业经济发展以生态环境恶化为代价的经济发展模式。同时，通过政府行为和市场行为的介入，引导和激励农户改变传统的生产生活方式，加大物质循环、能量流动、价值转移和信息沟通的效度，提高农业资源的综合利用率，促进循环农业、生态农业和有机农业的推广和应用，提升农户生态经营意识，提高农业产业收入，保护农业生态环境，推进生态环境的可持续发展，增强农户开展生态农业生产、改善农业生态环境的积极性和实践能力。

第四节　本章小结

通过对河南省农业生态环境与农业经济的现状分析，深入剖析河南省农业生态环境与农业经济在协同发展过程中存在的要素层面、结构层面和功能层面的问题，主要表现为过剩的农业人口对农业生态环境造成的负面影响，农业经济粗放式发展模式过量消耗农业生产的资金和物质资源，现有的农业生产技术不能有效保护农业生态环境，也不能支撑农业经济的可持续发展，在连接农业生态环境与农业经济的过程中存在结构性和功能性的不足。通过对农业生态环境与农业经济协同发展过程中存在问题的原因探讨，可以发现河南省当前的农业硬件基础和软件基础都相当薄弱，不足以支撑农业生态环境与农业经济的协同发展。在河南省域内农业生产的相关主体——政府、市场、农户——对农业生态环境与农业经济协同发展的共识还没有完全建立，推进农业生态环境与农业经济协同发展的各种主体行为也需要进一步规范。

第六章

河南省农业生态环境与农业经济耦合系统协同发展分析

通过前面诸章节关于农业生态环境与农业经济耦合系统协同发展的理论分析，回答了耦合系统协同发展的可能性和必然性，并对系统运行机理和主体行为特点进行了具体研究。本章节将运用计量经济分析手段，从整体上识别和评价农业生态环境与农业经济耦合系统的协同发展状况，理论联系实际，对河南省域在一定时间范围内的耦合系统协同发展状况和协同发展效应进行研究。

第一节 河南省农业生态环境与农业经济耦合系统协同发展分析的逻辑思路

在分析农业生态环境与农业经济耦合系统的结构、功能和特征的基础上，结合子系统间要素层面、结构层面和功能层面的逻辑关系与规律，从考察协同发展的目标、内容、特征、机理和效应出发，设计耦合系统协同发展分析的逻辑思路（见图6-1）。首先，构建农业生态环境与农业经济耦合系统评价指标体系；其次，依据评价指标特征和相关数据对耦合系统的子系统进行综合评价；再次，运用耦合协同模型对耦合系统的耦合度和协同度进行测算，并依据相应的评价标准对耦合系统的协同发展状况进行评价；最后，运用DEA数据包络分析法对耦合系统的子系统内、子系统间和耦合系统的协同效度进行测算，判断耦合系统的协同发展效应。

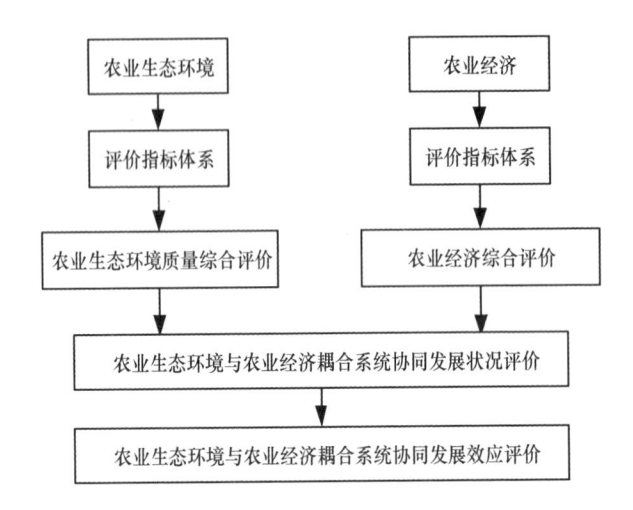

图6—1 河南省农业生态环境与农业经济耦合系统
协同发展分析的逻辑思路

第二节 河南省农业生态环境与农业经济耦合系统协同发展评价指标体系

不同时空的农业生态环境与农业经济耦合系统具有不同的结构和功能,要识别和评价耦合系统的发展状况,需要构建一套完整的系统评价指标体系,以系统的结构、功能和特征为根本,以农业生态环境系统与农业经济系统的逻辑关系为前提,以耦合系统协同发展机理和行为主体参与为主要内容,充分显示结构合理、功能高效的协同发展目标。

一 构建评价指标体系的意义

农业生态环境与农业经济耦合系统协同发展评价指标体系是由表征耦合系统协同发展状况的若干指标及与其相互联系的指标共同构成,是针对耦合系统内在结构和功能所形成有机整体的系统性评价指标群。评价指标体系把直接或间接反映区域耦合系统协同发展的不同属性特征的相关指标,按照层次分析法和模糊数学的相关理论,以定量为主、定量与定性相结合,构建一个有序的指标集合。耦合系统协同发展评价指标体系是以直观简明的方式，全面、综合度量和评价系统协同发展程度的关键，对耦合系统协同发展由理论走向实践具有重要的意义。

首先，通过农业生态环境与农业经济耦合系统协同发展指标体系，客观描述和度量系统内各要素、各子系统的现状，表征各要素之间、各子系统之间的相互关系。其次，在构建科学合理的评价指标体系基础上，可以进一步认识耦合系统协同发展规律，对耦合系统现状进行科学的解释，对耦合系统未来发展进行客观的评估。最后，通过理论研究和实践分析，为政策的制定和农业生产实践提供相应的依据，更好地指导行为主体参与耦合系统的可持续发展。

二 构建评价指标体系的原则

农业生态环境系统与农业经济系统各自都有一套较为完善的评价指标体系，而耦合系统评价指标体系不是农业生态环境指标与农业经济指标的简单加总，而是各子系统在相互联系、相互作用的过程中，所形成的高一级的耦合系统的指标体系表征。从宏观上来看，耦合系统的评价指标体系是各子系统评价指标体系的集合（见图6—2）。具体而言，构建耦合系统评价指标体系的原则如下[①]。

（一）系统性与综合性原则

指标体系的构建以农业生态环境与农业经济耦合系统协同发展为目标，全面考虑影响农业生态环境和农业经济的诸多因素，各指标之间具有一定的逻辑关系，它们不但要从不同的侧面反映出耦合系统的结构状态和功能特征，而且还要反映各子系统之间的内在联系。各指标之间相互独立，又彼此联系，层层深入，自上而下，从宏观到微观形成一个不可分割的综合评价体系。

（二）稳定性与动态性原则

指标体系的构建要充分考虑各指标的类型、含义和具体内容，在一

---

① Clift R., Allenby B. and Avres R., "Forum on sustainability", *Clean Products and Processes*, Vol. 6, No. 67 – 70, Feb2000; Wiggering H. and Rennings K., "Sustainability indicators: geology meets economy", *Environmental Geology*, Vol. 32, No. 71 – 77, Feb1997; 李远远:《基于粗糙集的指标体系构建及综合评价方法研究》, 博士学位论文, 武汉理工大学, 2009 年, 第 28—47 页; 朱孔来、马成霞:《生态农业综合效益评价方法的研究》,《生态学杂志》1991 年第 6 期。

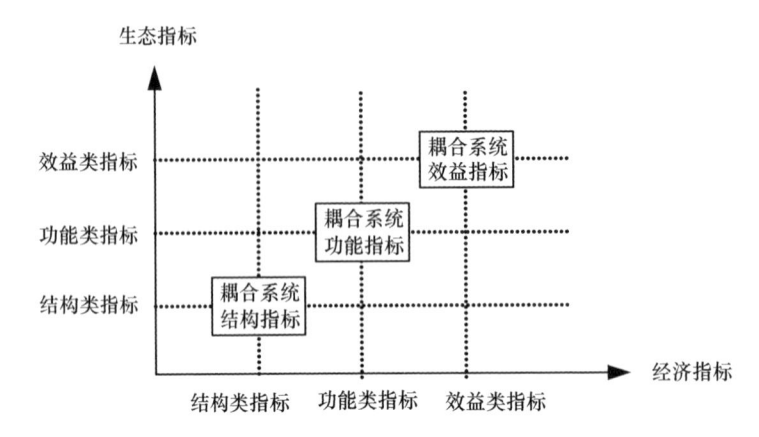

图6—2 农业生态环境与农业经济耦合系统指标体系集合

定时期、一定区域范围内指标层级之间的逻辑关系与组成结构具有相对稳定性。同时，耦合系统的开放性特征决定了系统处于连续的运动过程，指标体系中也存在动态适度弹性指标，随着时间的推移和环境的变化，在不违背相对稳定原则的情况下，弹性微调有关指标以便增强指标体系的适用性和可靠性。

（三）科学性与实践性原则

指标体系的构建以指标的选择和指标层次结构的搭建为基础，客观、真实、全面地反映一定时期、一定区域范围内农业生态环境与农业经济耦合系统协同发展的特点和状况，科学反映各指标间的逻辑关系。各指标应该与考察区域的实际情况相契合，按照相关理论要求，一切从实际出发，理论联系实际，增强指标体系的理论基础和实践应用的针对性。

（四）普遍性与典型性原则

指标体系的构建要遵循农业生态环境与农业经济耦合系统协同发展的普遍规律，按照系统协同发展的目标、内容、特征和机理，以定量为主、定量与定性相结合的方法设定具有普遍代表意义的指标体系。同时，指标体系应准确反映特定区域的综合特征，具有一定的典型代表性，尽可能简约指标数量，便于数据的整理和计算，提高模型应用的便利性。

（五）可比性与可行性原则

指标体系的构建要考虑各指标的统计口径，在总体范围一致的条件下，各指标应具有统一量纲，以便对耦合系统的时空演化进行科学的比较分析。各指标的选取应尽量简单、便于收集，增强指标的现实可操作性和可比性。而且，选择指标时也要考虑能否进行定量处理，以便于进行计量和分析。

三 构建评价指标体系框架

评价指标体系框架是指标体系组织的概念模型，通过指标体系框架可以由表及里、由现象到本质测量研究对象。根据中国科学院资源环境科学信息中心报告，可持续发展指标体系框架大致分为以下五种：压力—响应模型、基于经济的模型、社会—经济—环境三分量模型、人类—生态系统福利模型和多种资本模型等[1]。在理论研究和相关实践中，压力—响应模型形式简明、逻辑严密、现实关联度强，得到了广泛的应用。特别是，经济合作与发展组织对压力—响应模型的改进，形成了 PSR 模型，即"压力—状态—响应"模型[2]；联合国可持续发展委员会和联合国政策协调与可持续发展部等组织共同努力，将 PSR 模型进一步拓展为 DFSR 模型，即"驱动力—状态—响应"模型[3]，促进了可持续发展指标体系框架的推广和应用。

就 PSR 模型而言，它是在压力—响应模型构建环境指标时发展起来的，能够较好地反映环境受到的压力和环境退化的因果关系，从而通过政府行为来维持环境质量，与可持续发展的环境目标密切相关。但是，PSR 模型比较适合小空间微观区域，对于因素多、尺度大的宏观区域实施综合评价的困难较大，对于经济社会发展指标，压力与响应的概念不具有明确的定位，甚至在实践中二者还可以经常互换，影响了模型的适用范围。就 DFSR 模型而言，指标间的逻辑性进一步增强，突出环境受到的威胁与环境遭遇破坏之间的因果关系。但是，DFSR 模型依然没有很好

---

[1] 张志强、程国栋、徐中民：《可持续发展评估指标、方法及应用研究》，《冰川冻土》2002 年第 8 期。

[2] OECD, *OECD core set of indicators for environmental performance reviews*, Paris: OECD Publishing, 1993, pp. 7–10.

[3] OECD, *Towards sustainable development: environment indicators 2001*, Paris: OECD Publishing, 2002, pp. 36–40.

地建立驱动力指标与状态指标之间的逻辑关系[①]，特别是针对经济社会发展方面，二者逻辑关系定义的缺失，成为影响指标体系预期评价目的的重要因素。同时，在PSR模型和DFSR模型中，有些指标的定义和归属存在一定的模糊程度，且环境类指标所占比重过大，有些压力指标和驱动力指标可能来自政府行为，相应的响应指标却就是这些政府行为本身，这些都导致了评价指标体系对系统不能开展较为客观全面的测评。因此，无论是PSR模型，还是DFSR模型，在实践应用中都存在一定的缺陷和不足。本书针对农业生态环境与农业经济耦合系统协同发展的要求，对以上两种模型做出进一步的改进，期望增强评价指标体系框架的适用性。

首先，针对PSR模型的"压力"指标和DFSR模型的"驱动力"指标进行简单的对比。主体行为的对象性活动可能是面对自然而为，也可能是在经济社会的竞争中产生，无论是前者的"人与自然"关系，还是后者的"人与人"关系，都可以视为行为主体为摆脱不利的环境、获取某种竞争优势所表现出的"原动力"，这种"原动力"就表现为主体行为的"驱动力"。可见，DFSR模型的"驱动力"指标更符合农业生态环境与农业经济耦合系统的实际情况。其次，在耦合系统中，"驱动力"指标表征行为主体展开各种活动，一方面要激发合理状况的延续，另一方面要改变不合理的状况。如果沿用主体行为所处的"人与自然"关系和"人与人"关系的区分，前者可以定义为"直接驱动力"，后者定义为"间接驱动力"。同时，针对"直接驱动力"和"间接驱动力"的区分，将PSR模型和DFSR模型中的"状态"指标，按照"人与自然"关系和"人与人"关系，可以进行"资源环境状态"和"经济社会状态"的二分。从而，对"响应"指标也采取应对"资源环境状态"的主体行为和应对"经济社会状态"的主体行为的二分。由此，通过对"驱动力"指标、"状态"指标和"响应"指标的细化和重新定义，形成改进的DFSR模型，一定程度上建立了"驱动力"指标与"状态"指标的逻辑关系，更加紧密了"状态"指标与"响应"指标的联系，弥补了各指标归属模糊的不足。

[①] 王正环：《一种改进的DSR模型》，《三明学院学报》2008年第4期。

在具体评价指标体系框架的设计和指标选定过程中，依据改进的 DFSR 模型的基本理念，从以下三个方面开展工作。

首先，从主体行为的纵向维度来考察。农业生态环境与农业经济耦合系统中的主体行为主要是人们利用和改造自然，从事农业生产活动。行为结果表现为两个方面：其一是农业资源日渐匮乏与人们对农产品需求日益增长的矛盾；其二是农业生态环境恶化与人们对环境友好型社会追求的矛盾。在农业生产实践活动中，对农业资源的利用与消耗、对农业生态环境的负面影响成为行为主体改善环境、提高生态环境质量的"直接驱动力"。因此，主体行为的纵向维度下"驱动力"指标主要是指"直接驱动力"指标，即包括农业资源的消耗程度和农业生产造成的环境污染程度。相应的"状态"指标是指农业自然资源状况和经济社会对农业污染的测评等指标，与此对应的"响应"指标是指提高资源利用率、提高防治污染效果和改善投资模式等指标。

其次，从主体行为的横向维度来考察。耦合系统作为人类经济社会的一部分，资源的相对稀缺与行为主体间的竞争相伴而生。按照竞争优势理论，行为主体只有建立起基于自身特征的核心竞争力，才有可能在竞争中获取相对优势，并获得最终的竞争优势。耦合系统中的行为主体之间的竞争与"直接驱动力"下的驱动行为不同，是一种以自身特征为基础，以建立核心竞争力为手段，以获取更多资源为目的的间接驱动行为，或称为衍生驱动行为，表现出为争取竞争优势引发的自主驱动。因此，主体行为的横向维度下"驱动力"指标主要是指"间接驱动力"指标，即行为主体之间的横向比较指标，相应的"状态"指标以行为主体在相互竞争的过程中发展程度来表征，与此对应的"响应"指标主要体现在政府行为对"状态"的应对策略。

最后，从主体行为的时间维度来考察。将农业生态环境与农业经济耦合系统的发展置于人类社会发展的历史长河，以工业革命（18 世纪 60 年代到 19 世纪 40 年代）为分界，工业革命之前，农业生态环境与农业经济处于低水平的耦合状态，传统农业对生态环境的改造和利用基本不具有破坏性。然而，工业革命之后，以现代石油农业为主要特征的农业生产方式迅速改变了人与自然的关系，人类在获取大量农业产品的同时，对生态环境造成了巨大的伤害，表现出农业经济与农业生态环境的非协同现象,农业可持续发展和人类经济社会的可持续发展受到前所未有的威胁。由此,人类提出了可持续发展战略,转变人与自然的对立关系为和谐关系,从某种意义上来讲和谐的人与自然关系是对传统农业时代的回归。但是,这种回归不是简单地回到过去,而是在现有生产力基础上的螺旋式上升演进,突出经济社会的发展与自然资源的开发利用和生态环境的保护相协调,实现人类社会的可持续发展。和谐社会概念的提出,特别是中共中央提出的"绿色化"概念,与新型工业化、城镇化、信息化、农业现代化并提,形成"新五化",为实现中华民族的永续发展提出了新的要求,对粗放型农业生产进行了规范和约束。这些"要求"、"规范"和"约束"都表现为"间接驱动力",具体指标可以通过发展规划指标来表征,相应的"状态"指标可以用描述农业经济发展状况的指标来表征,"响应"指标主要体现在农业经济政策的调整变化。

通过以上三个维度的考察,改进的 DFSR 模型可以用图 6—3 来描绘。其中"驱动力"指标表达了主体行为方式、行为过程和行为结果对系统的影响;"状态"指标表达了耦合系统协同发展的"状态",包含自然状态和经济社会状态;"响应"指标表达了为实现耦合系统协同发展和农业可持续发展的目标,行为主体的应对措施。

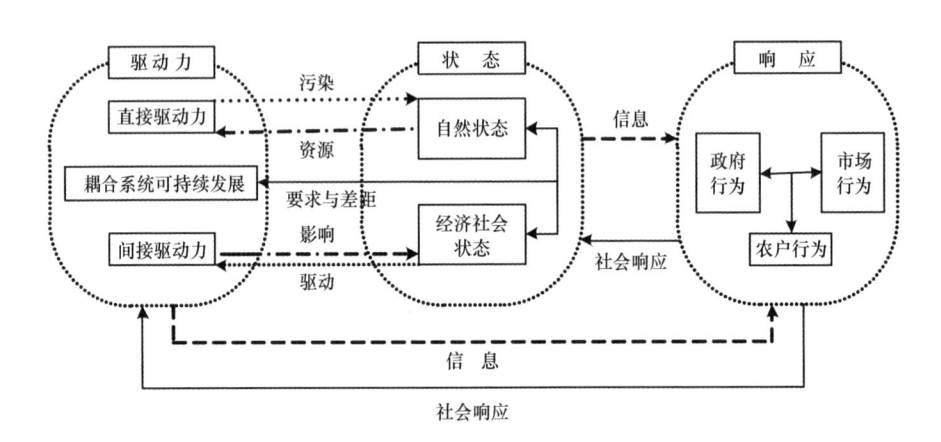

图 6—3 改进的 DFSR 模型

四 评价指标的甄选

依据构建评价指标体系的原则,农业生态环境与农业经济耦合系统协同发展的评价指标体系框架按照改进的 DFSR 模型,通过"驱动力""状态"和"响应"三个方面来甄选。从河南省农业生态环境与农业经济的实际情况出发,结合农业部《全国现代农业发展规划(2011—2020)》和《河南省农业和农村经济发展"十二五"规划》对相关指标的设定,结合农业生态学、农业经济学和农业系统科学等理论要求,甄选 48 个评价指标,构建耦合系统协同发展评价指标体系(见图 6—4)。

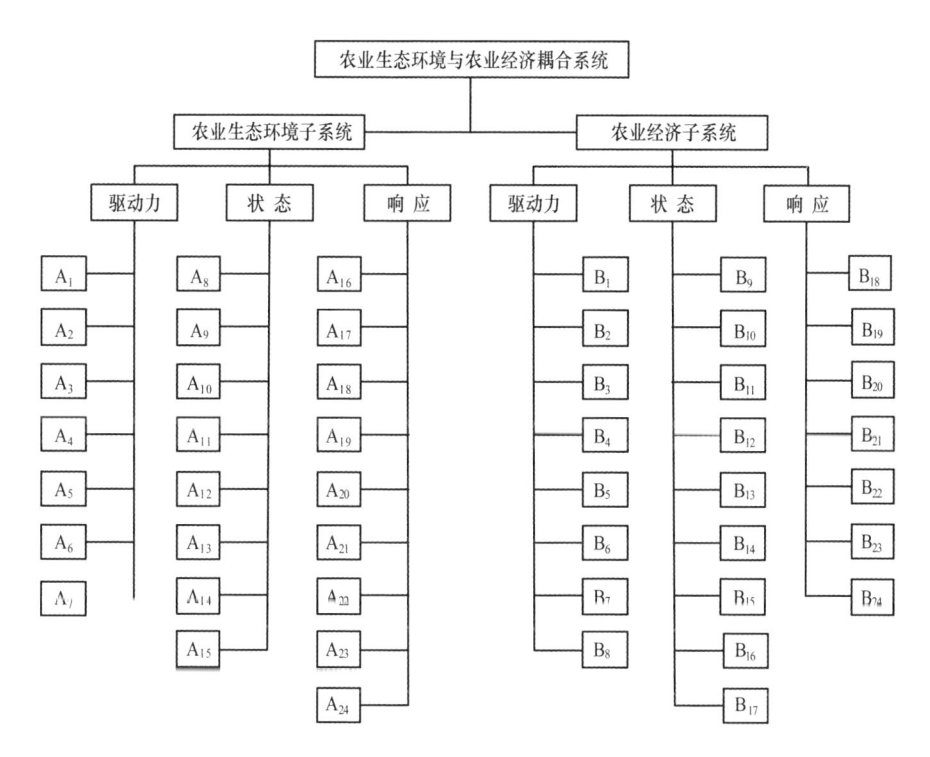

图 6—4 农业生态环境与农业经济耦合系统评价指标体系示意

在"驱动力"方面,属于农业生态环境子系统的具体指标包括:人均粮食产量 A_1(吨/人)、人均肉类产量 A_2(吨/人)、每公顷耕地农用化肥施用量 A_3(千克/平方公顷)、每公顷耕地农药使用量 A_4(千克/平方公顷)、每公顷耕地农用塑料薄膜使用量 A_5(千克/平方公顷)、乡村人

口 A_6（万人）、人口自然增长率 A_7（%）；属于农业经济子系统的具体指标包括：第一产业全员劳动生产率 B_1（元/人·年）、人均农业机械总动力 B_2（千瓦/人）、人均大中型拖拉机配套农具 B_3（部/人）、人均小型拖拉机配套农具 B_4（部/人）、人均农用排灌电动机动力 B_5（千瓦/人）、人均联合收割机动力 B_6（千瓦/人）、农村人均用电量 B_7（千瓦·小时/人）、人均农用柴油使用量 B_8（吨/人）[1]。

在"状态"方面，属于农业生态环境子系统的具体指标包括：年降水量 A_8（毫米）、农田有效灌溉面积比例 A_9（%）、人均水库库容量 A_{10}（立方米/人）、人均水资源量 A_{11}（立方米/人）、森林覆盖率 A_{12}（%）、农村居民家庭人均经营耕地面积 A_{13}（平方公顷/人）、成灾面积占耕地总面积的比重 A_{14}（%）、农业人均用水量 A_{15}（立方米/人）；属于农业经济子系统的具体指标包括：农林牧渔业增加值占总产值的比重 B_9（%）、第一产业增加值指数 B_{10}（上年=100）、农业生产资料价格指数 B_{11}（上年=100）、农村居民家庭拥有农业生产性固定资产原值 B_{12}（元/户）、农村居民家庭拥有生产性汽车数量 B_{13}（辆/百户）、农村居民家庭人均纯收入 B_{14}（元/人）、农村居民家庭人均恩格尔系数 B_{15}（%）、第一产业劳动力占比 B_{16}（%）、乡村从业人员 B_{17}（万人）[2]。

在"响应"方面，属于农业生态环境子系统的具体指标包括：除涝面积比例 A_{16}（%）、水土流失治理度 A_{17}（%）、造林面积 A_{18}（千平方公顷）、污染治理项目投资额 A_{19}（元）、环境保护系统年末实有人数 A_{20}（人）、农村沼气池产气总量 A_{21}（万立方米）、农村自来水普及率 A_{22}（%）、农村卫生厕所普及率 A_{23}（%）、农村太阳能热水器面积 A_{24}（万平方米）；属于农业经济子系统的具体指标包括：地方公共财政预算支出中农林水事务支出 B_{18}（亿元）、地方公共财政预算支出中教育支出 B_{19}（亿元）、第一产业固定资产投资占比 B_{20}（%）、农村农户固定资产投资额 B_{21}（亿元）、农村居民消费水平指数 B_{22}（上年=100）、村卫生室数

---

[1] 陈锋正、刘向晖、刘新平：《农业生态经济系统的耦合模型及其应用——以河南省为例》，《中南林业科技大学学报》2015年第3期。
[2] 陈锋正、刘向晖、刘新平：《农业生态经济系统的耦合模型及其应用——以河南省为例》，《中南林业科技大学学报》2015年第3期。

B_{23}（个）、乡村医生和卫生员数 B_{24}（人）①。

五 评价指标的量化

在农业生态环境与农业经济耦合系统的评价指标体系中，农业生态环境子系统的 24 个指标与农业经济子系统的 24 个指标的类型和特点不同，存在量纲差异。按照研究的一般规律和方法，将实际指标值转化为评价指标值，即运用数学变换的方法对原始数据进行归一化处理，亦称为原始数据的无量纲化②。

构造系统的评价指标体系矩阵。以 n 为考察年份，m 为评价指标项，构造 $m \times n$ 原始数据矩阵 X：

$$X = \begin{pmatrix} x_{11} & x_{12} & \cdots & x_{1n} \\ x_{21} & x_{22} & \cdots & x_{2n} \\ \vdots & \vdots & \vdots & \vdots \\ x_{m1} & x_{m2} & \cdots & x_{mn} \end{pmatrix}_{m \times n} \quad (6—1)$$

在本书中，分别考察了农业生态环境评价指标和农业经济评价指标在 1995—2013 年共计 19 年间的变化情况，其中 $m = 24$，$n = 19$。

对评价指标体系进行同趋向性变换。在评价指标体系中，各指标的性质和特点各异，有些指标数值越大性能越好，而有些指标数值越小性能越好。由此，将前者定义为高优指标，后者定义为低优指标，高优指标对系统的功效贡献为正功效，低优指标对系统的功效贡献为负功效。就矩阵 X 而言，m 项评价指标中既有高优指标又有低优指标。在系统评价过程中，对高优指标和低优指标利用公式（6—2）进行处理，使不同指标具有同趋向性，以便有效观测后续的模型推演。在 A_1—A_{24} 评价指标项中，属于高优指标的有 A_1、A_2、A_8、A_9、A_{10}、A_{11}、A_{12}、A_{13}、A_{15}、A_{16}、

---

① 陈锋正、刘向晖、刘新平：《农业生态经济系统的耦合模型及其应用——以河南省为例》，《中南林业科技大学学报》2015 年第 3 期。

② 陈锋正、刘向晖、刘新平：《农业生态经济系统的耦合模型及其应用——以河南省为例》，《中南林业科技大学学报》2015 年第 3 期。

A_{17}、A_{18}、A_{19}、A_{20}、A_{21}、A_{22}、A_{23} 和 A_{24} 共 18 项，属于低优指标的有 A_3、A_4、A_5、A_6、A_7 和 A_{14} 共 6 项；在 B_1—B_{24} 评价指标项中，属于高优指标的有 B_1、B_2、B_3、B_4、B_5、B_6、B_7、B_8、B_9、B_{10}、B_{12}、B_{13}、B_{14}、B_{17}、B_{18}、B_{19}、B_{20}、B_{21}、B_{22}、B_{23} 和 B_{24} 共 21 项，属于低优指标的有 B_{11}、B_{15} 和 B_{16} 共 3 项。

$$y_{ij} = \begin{cases} (x_{ij} - \beta_{ij})/(\alpha_{ij} - \beta_{ij}), & x_{ij} \text{ 具有正功效} \\ (\alpha_{ij} - x_{ij})/(\alpha_{ij} - \beta_{ij}), & x_{ij} \text{ 具有负功效} \end{cases} \quad (6—2)$$

其中 α_{ij} 和 β_{ij} 为系统稳定临界点上序参量相应指标的上、下限值，$i \in [1,m]$，$j \in [1,n]$，y_{ij} 为变量 x_{ij} 对系统的功效贡献值，且 $y_{ij} \in [0,1]$。转换后的功效矩阵 Y 为：

$$Y = \begin{pmatrix} y_{11} & y_{12} & \cdots & y_{1n} \\ y_{21} & y_{22} & \cdots & y_{2n} \\ \vdots & \vdots & \vdots & \vdots \\ y_{m1} & y_{m2} & \cdots & y_{mn} \end{pmatrix}_{m \times n} \quad (6—3)$$

对 Y 矩阵进行归一化处理。分别取 Y 矩阵中各向量 y_{ij} 与此向量所在矩阵中的行向量所有元素之和的比值作为归一化的标准值，计算公式如下：

$$z_{ij} = \frac{y_{ij}}{\sum_{j=1}^{n} y_{ij}}, (i = 1, 2, \cdots, m) \quad (6—4)$$

其中，z_{ij} 表示第 i 项评价指标中的第 j 年的标准化值，且 $z_{ij} \in [0,1]$。归一化处理后的标准矩阵为 Z 矩阵：

$$Z = \begin{pmatrix} z_{11} & z_{12} & \cdots & z_{1n} \\ z_{21} & z_{22} & \cdots & z_{2n} \\ \vdots & \vdots & \vdots & \vdots \\ z_{m1} & z_{m2} & \cdots & z_{mn} \end{pmatrix}_{m \times n} \quad (6-5)$$

确定评价指标的权重。指标的权重是联系原始数据矩阵与分析模型的桥梁和纽带，直接关系到模型分析的科学性和适用性。当前，关于确定权重的方法很多，比如主观赋权法中的AHP法、TACTIC法和Delphi法等，还有客观赋权法中的主成分分析法、离差法、方差法、多目标规划法和熵技术法等。本书选取的数据基本涵盖了系统的各个层面，数据来源主要是历年《河南统计年鉴》，个别指标有年度缺失，以《中国统计年鉴》《中国环境统计年鉴》《中国农村统计年鉴》《中国区域经济统计年鉴》《河南省环境状况公报》《河南改革开放30年（1978—2008）》《中国教育经费统计年鉴》，以及中华人民共和国统计局网站和环境保护部网站权威发布的相关数据进行补充整理。为避免主观赋权的偏差，提高客观赋权过程的操作可行性和科学有效性，本书主要采用熵技术法赋权。熵技术法的基本思路是通过熵值来研判某一事件的随机性、无序程度和差异情况。差异越大，熵值越小，该指标在系统内优先级评价中的作用越大，则赋权重越大。反之，赋权重越小[①]。

熵技术法按照公式（6—6）和（6—7）来计算：

$$H(x_i) = -k \sum_{j=1}^{n} z_{ij} \ln z_{ij}, (i = 1, 2, \cdots, m) \quad (6-6)$$

$$d_i = \frac{1 - H(x_i)}{m - \sum_{i=1}^{m} H(x_i)}, (i = 1, 2, \cdots, m) \quad (6-7)$$

其中，$H(x_i)$为第i个指标的信息熵，d_i为权重值，k为调节系数，$k =$

---

① 王传良、王伟平、何艳秋：《基于TOPSIS法耕地质量综合评价耦合模型及应用》，《黑龙江水利科技》2009年第3期。

$1/\ln n$；$\sum_{i=1}^{m} d_i = 1, d_i \in [0,1]$。需要说明的是，在计算过程中，当 $y_{ij} = 0$ 时，则 $z_{ij} = 0$，且 $\lim_{z_{ij} \to 0} z_{ij} \ln z_{ij} = 0$，所以本书的后续实证研究部分，当 $y_{ij} = 0$ 时，对 $z_{ij} \ln z_{ij}$ 进行求极限运算。

经过相应计算得出农业生态环境与农业经济评价指标分年度功效值及熵权值（见表6—1和表6—2）。

第三节 河南省农业生态环境与农业经济状况分析

一 农业生态环境与农业经济综合评价指数模型

理论界关于综合评价指数模型主要有线性加权评价模型、乘法评价模型和加乘混合评价模型等三类。线性加权评价模型依据"部分之和等于整体之和"的数理思想，将评价指标值与相应权重值加权求和。该模型适用的前提条件是：影响综合评价结果的因素有两个，其一为项目指标值，其二为项目指标权重。线性加权评价模型适用于各评价指标相互独立，且各指标对综合水平的贡献互不干扰的情况，评价指标权重越大，该指标信息在系统中的影响程度就越大，反之，影响程度就越小。由于线性加权评价模型中各评价指标间可以"线性等量补偿"，即某一指标评价分数的减少都可以用另一指标评价分数的相应增加来维持总评价分数的不变，从而降低指标值的差异反应敏感度。相对于乘法评价模型与加乘混合评价模型而言，综合评价结果更"温和"一些；此外，线性加权评价模型对数据的要求不高，无论指标是正数、负数还是零，都不影响综合评价值的计算[1]。

在本书中，由于农业生态环境与农业经济的综合评价指标矩阵的构造具有独立性，指标项目的甄选和权重的计算符合线性加权评价模型的前提条件，以及各指标的无量纲处理也符合模型"线性等量补偿"的要求，鉴于线性加权评价模型使用的普遍性和简单化，本书选用该模型对农业生态环境与农业经济进行综合评价（见公式6—8）。

---

[1] 王春枝：《综合评价指数模型的比较与选择》，《统计教育》2008年第4期。

第六章 河南省农业生态环境与农业经济耦合系统协同发展分析 / 115

表6—1 1995—2013年河南省农业生态环境评价指标功效值及熵权值

年份	1995	1996	1997	1998	1999	2000	2001	2002	2003	2004	2005	2006	2007	2008	2009	2010	2011	2012	2013	d_i
A_1	0.0000	0.1662	0.1905	0.2417	0.3501	0.2826	0.2908	0.3308	0.0458	0.3531	0.4964	0.7324	0.7915	0.8450	0.8555	0.8769	0.9238	0.9666	1.0000	0.0403
A_2	0.0000	0.0402	0.1912	0.3514	0.4155	0.4617	0.5598	0.6475	0.7391	0.8429	0.9642	0.6873	0.5735	0.6880	0.7704	0.8342	0.8432	0.9407	1.0000	0.0264
A_3	1.0000	0.9383	0.9115	0.8380	0.7925	0.7401	0.6805	0.6081	0.6106	0.5431	0.4763	0.4168	0.3386	0.2531	0.1809	0.1102	0.0606	0.0319	0.0000	0.0426
A_4	1.0000	0.8587	0.8294	0.7172	0.6239	0.6349	0.5798	0.5156	0.5761	0.5303	0.4587	0.3394	0.2220	0.2018	0.1596	0.0954	0.0257	0.0330	0.0000	0.0466
A_5	1.0000	0.9255	0.8581	0.8102	0.7714	0.6622	0.6431	0.6037	0.6019	0.5773	0.5180	0.4309	0.3593	0.3234	0.2307	0.1816	0.1412	0.1102	0.0000	0.0318
A_6	0.0000	0.0323	0.0659	0.1002	0.1350	0.1578	0.1996	0.2554	0.3162	0.3980	0.4829	0.5735	0.6692	0.7548	0.8409	0.7294	0.8251	0.9290	1.0000	0.0517
A_7	0.0000	0.0898	0.1424	0.1025	0.1265	0.3065	0.3684	0.6502	0.7709	0.9071	0.8916	0.8700	1.0000	0.9783	0.9721	0.9845	0.9876	0.9195	0.8111	0.0388
A_8	0.0385	0.1429	0.1639	0.8185	0.3595	0.1288	0.0000	0.2145	0.3099	1.0000	0.5041	0.2758	0.3620	0.3037	0.3225	0.4275	0.3014	0.1449	0.1107	0.0474
A_9	0.0000	0.1265	0.2487	0.4044	0.5205	0.5864	0.6215	0.6528	0.6441	0.6758	0.7060	0.7530	0.7849	0.8137	0.8514	0.8927	0.9525	1.0000	0.7964	0.0205
A_{10}	1.0000	1.0000	0.0000	0.0013	0.0012	0.5033	0.5033	0.5002	0.5042	0.5052	0.5076	0.5148	0.5211	0.5221	0.5278	0.5276	0.5309	0.5260	0.5934	0.0340
A_{11}	0.4333	0.5695	0.4733	1.0000	0.9422	0.8857	0.8961	0.9051	0.9186	0.3546	0.6848	0.2150	0.4981	0.3117	0.2238	0.6275	0.2264	0.1037	0.0000	0.0325
A_{12}	0.2428	0.2734	0.2734	0.3872	0.5275	0.6960	0.5067	0.2715	0.0000	0.3509	0.3509	0.3509	0.3509	0.3518	0.7304	0.7304	0.9732	1.0000	0.8585	0.0274
A_{13}	0.4348	0.2174	0.2174	0.2609	0.3913	0.2174	0.3913	0.3043	0.0000	0.3043	0.3478	0.6087	0.7826	0.8696	0.9130	1.0000	0.3478	0.7391	0.6087	0.0302
A_{14}	0.7061	0.4724	0.0816	0.7311	0.3511	0.0385	0.3788	0.5549	0.0000	0.7771	0.6778	0.8831	0.7340	0.8645	0.6945	0.8928	0.9775	1.0000	0.9863	0.0297
A_{15}	0.0000	0.0618	0.1360	0.6177	0.1517	0.3017	0.4610	0.7017	0.4893	0.6918	0.5107	0.9730	0.6112	0.8530	0.9360	0.7107	0.6928	0.8883	1.0000	0.0317
A_{16}	0.0000	0.0000	0.2734	0.3683	0.3683	0.4975	0.5191	0.4948	0.5590	0.6531	0.7089	0.7484	0.7042	0.7261	0.8315	0.9190	0.9733	1.0000	0.6366	0.0276

116 / 河南省农业生态经济系统论

续表

年份	1995	1996	1997	1998	1999	2000	2001	2002	2003	2004	2005	2006	2007	2008	2009	2010	2011	2012	2013	d_i
A_{17}	0.1288	0.1575	0.2258	0.3189	0.3926	0.4501	0.5141	0.5565	0.5882	0.6436	0.6952	0.7490	0.7901	0.8722	0.9517	0.9355	0.9229	1.0000	0.0000	0.0286
A_{18}	0.6621	0.7823	0.2434	0.4988	0.5045	0.5213	0.2739	0.5913	0.7371	0.6104	0.3717	0.3277	0.0000	0.7865	1.0000	0.4950	0.5115	0.4856	0.5558	0.0187
A_{19}	0.0132	0.0054	0.0208	0.0048	0.0000	0.0082	0.1127	0.1353	0.1497	0.1962	0.2713	0.3167	0.3848	0.3688	0.4093	0.4480	0.5002	0.6108	1.0000	0.0842
A_{20}	0.0000	0.0362	0.1031	0.1532	0.2284	0.3565	0.4345	0.4513	0.4735	0.5515	0.8078	0.6908	0.7604	0.8412	0.9304	0.9610	0.6908	0.8774	1.0000	0.0370
A_{21}	0.0000	0.0089	0.0129	0.0189	0.0258	0.0278	0.0352	0.0400	0.0625	0.0766	0.4054	0.4770	0.6001	0.7616	0.8862	0.9580	0.9639	0.9973	1.0000	0.1045
A_{22}	0.0000	0.0396	0.0727	0.0936	0.1239	0.1714	0.2003	0.2715	0.2878	0.3740	0.4271	0.4681	0.5156	0.6414	0.6460	0.6553	0.8789	0.9860	1.0000	0.0514
A_{23}	0.0000	0.0636	0.1303	0.2214	0.2880	0.3421	0.3954	0.4996	0.6046	0.6165	0.6410	0.6668	0.7199	0.8287	0.8586	0.8776	0.9130	0.9619	1.0000	0.0323
A_{24}	0.0000	0.0154	0.0286	0.0396	0.0440	0.0945	0.1055	0.1187	0.1363	0.1560	0.1956	0.2725	0.3099	0.3956	0.5407	0.6769	0.8044	0.9033	1.0000	0.0840

表6—2　1995—2013年河南省农业经济评价指标功效值及熵权值

年份	1995	1996	1997	1998	1999	2000	2001	2002	2003	2004	2005	2006	2007	2008	2009	2010	2011	2012	2013	d_i
B_1	0.0000	0.0494	0.0643	0.0751	0.0700	0.0537	0.0632	0.0819	0.0676	0.1798	0.2501	0.2708	0.3661	0.5044	0.5545	0.7112	0.8002	0.8912	1.0000	0.0677
B_2	0.0000	0.0550	0.1522	0.2055	0.2772	0.3317	0.3688	0.4273	0.4777	0.5483	0.5998	0.6464	0.6974	0.7858	0.8342	0.8813	0.9211	0.9655	1.0000	0.0281
B_3	0.0000	0.0071	0.0218	0.0315	0.0387	0.0615	0.0661	0.0964	0.1267	0.1520	0.2171	0.2536	0.3114	0.4631	0.6568	0.7339	0.8487	0.9388	1.0000	0.0776
B_4	0.0000	0.0571	0.1509	0.2235	0.2983	0.3903	0.4343	0.5066	0.5759	0.6538	0.7255	0.7903	0.8534	0.9237	0.9640	0.9746	0.9879	1.0000	0.9912	0.0274
B_5	0.0000	0.0560	0.1142	0.1783	0.2434	0.2723	0.3882	0.4716	0.5026	0.5117	0.5737	0.6120	0.6707	0.7988	0.8445	0.9087	0.9626	0.9809	1.0000	0.0306
B_6	0.0000	0.0038	0.0156	0.0336	0.0491	0.0658	0.0848	0.1061	0.1814	0.2171	0.2388	0.2939	0.3410	0.4149	0.5434	0.6515	0.7477	0.8560	1.0000	0.0690
B_7	0.0000	0.0844	0.1507	0.1642	0.1700	0.1848	0.2248	0.2555	0.2701	0.3296	0.3952	0.4708	0.6279	0.6457	0.7837	0.8366	0.8929	0.9302	1.0000	0.0373
B_8	0.0000	0.0982	0.2656	0.3442	0.4532	0.4549	0.5184	0.5435	0.5357	0.5723	0.6195	0.6718	0.7262	0.7716	0.8510	0.9113	0.9620	0.9810	1.0000	0.0201
B_9	0.8755	0.8257	1.0000	0.9252	0.9751	0.8340	0.9585	0.9585	0.0581	0.2988	0.3237	0.3485	0.3237	0.2282	0.1867	0.1784	0.0373	0.0207	0.0000	0.0484
B_{10}	0.9412	0.9020	0.6601	0.6205	0.6345	0.4575	0.5229	0.4575	0.0000	1.0000	0.6536	0.6405	0.4118	0.5229	0.4379	0.4575	0.4052	0.4575	0.4379	0.0137
B_{11}	0.0000	0.5665	0.8386	1.0000	0.9525	0.8291	0.8449	0.7880	0.7563	0.4557	0.5665	0.7785	0.6234	0.1551	0.8766	0.7184	0.4652	0.6456	0.7753	0.0143
B_{12}	0.0000	0.0320	0.0699	0.0985	0.1285	0.1639	0.2373	0.2788	0.3034	0.3296	0.3400	0.3777	0.5075	0.5480	0.6266	0.6716	0.8327	0.9179	1.0000	0.0425
B_{13}	0.0000	0.0988	0.0868	0.1317	0.1677	0.0868	0.1018	0.1078	0.2066	0.1437	0.3443	0.4371	0.3533	0.4401	0.6497	0.5359	0.9341	0.9401	1.0000	0.0516
B_{14}	0.0000	0.0479	0.0693	0.0873	0.0988	0.1041	0.1195	0.1358	0.1386	0.1824	0.2262	0.2801	0.3617	0.4449	0.4936	0.5925	0.7417	0.8688	1.0000	0.0555
B_{15}	0.0000	0.1210	0.1613	0.0847	0.2255	0.3589	0.4032	0.4274	0.4194	0.4032	0.5323	0.7137	0.8306	0.8185	0.9113	0.8629	0.9073	1.0000	0.9758	0.0306
B_{16}	0.0669	0.1339	0.1506	0.2135	0.0205	0.0000	0.0418	0.1046	0.1590	0.2469	0.3598	0.4477	0.5607	0.6360	0.7322	0.7992	0.8745	0.9289	1.0000	0.0540

续表

年份	1995	1996	1997	1998	1999	2000	2001	2002	2003	2004	2005	2006	2007	2008	2009	2010	2011	2012	2013	d_i
B_{17}	0.0000	0.0657	0.2119	0.2574	0.4711	0.8222	0.8012	0.8039	0.8074	0.8275	0.8573	0.8792	0.9124	0.9510	0.9711	1.0000	0.9965	0.9912	0.7075	0.0210
B_{18}	0.0000	0.0058	0.0096	0.0133	0.0176	0.0271	0.0316	0.0444	0.0495	0.0791	0.1057	0.1531	0.2204	0.3136	0.5619	0.6233	0.7560	0.8724	1.0000	0.1022
B_{19}	0.0000	0.0073	0.0149	0.0225	0.0315	0.0381	0.0503	0.0804	0.0814	0.1009	0.1310	0.1714	0.2888	0.3576	0.4301	0.5036	0.7224	0.9426	1.0000	0.0891
B_{20}	0.6257	0.7395	0.7066	0.7904	0.9401	0.9042	0.9281	0.8413	1.0000	0.2725	0.1766	0.0000	0.0898	0.5539	0.6856	0.5090	0.2365	0.1737	0.1257	0.0310
B_{21}	0.0000	0.0699	0.1634	0.0984	0.1211	0.1773	0.2237	0.2387	0.2671	0.2971	0.4266	0.5006	0.6070	0.7067	0.8477	0.8560	0.9173	0.9898	1.0000	0.0420
B_{22}	0.6850	1.0000	0.3150	0.2250	0.0000	0.7700	0.3950	0.3450	0.3250	0.5300	0.3450	0.6700	0.4550	0.7500	0.5900	0.6050	0.8350	0.6450	0.6000	0.0170
B_{23}	1.0000	0.9920	0.9760	0.9679	0.9740	0.9800	0.9585	0.9369	0.0000	0.2211	0.7370	0.8552	0.8278	0.8835	0.9673	0.9962	0.9929	0.6428	0.6349	0.0120
B_{24}	1.0000	0.9389	0.8166	0.7554	0.7706	0.7857	0.7501	0.7144	0.0000	0.0919	0.2836	0.4296	0.5033	0.5353	0.7690	0.8396	0.9007	0.7614	0.7126	0.0172

$$u_j = \sum_{i=1}^{m} y_{ij} \times d_i, (j = 1, 2, \cdots, n) \qquad (6—8)$$

其中，u_j 为评价对象第 j 年的综合评价值，$u_j \in [0,1]$，y_{ij} 代表评价对象第 i 项指标第 j 年功效贡献值，d_i 代表评价对象中第 i 项指标的权重。

二 河南省农业生态环境评价结果分析

根据公式6—8，对表6—1中相应数据进行计算，并绘制河南省农业生态环境质量综合评价指数变化趋势图（见图6—5）。农业生态环境质量综合评价指数越小，说明农业生态环境质量越差；其值越大，说明农业生态环境质量越好。

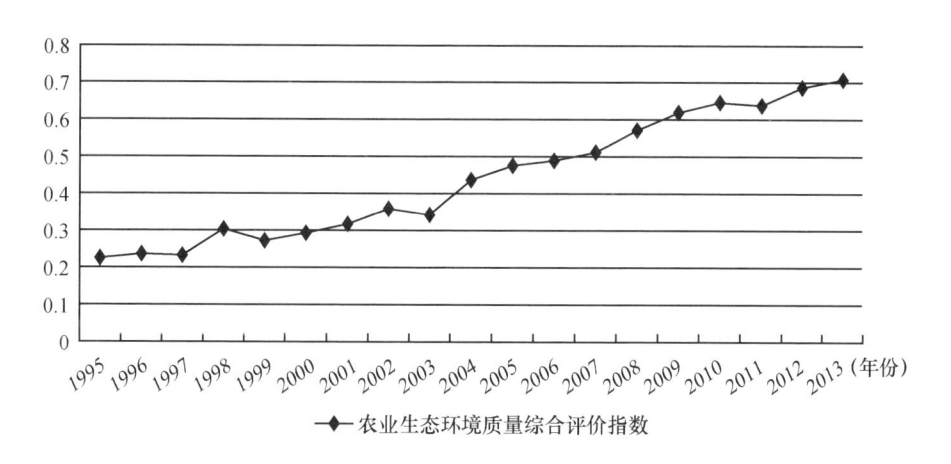

图6—5 1995—2013年河南省农业生态环境质量综合评价指数变化趋势

参照《中华人民共和国环境保护行业标准》，根据农业生态环境质量综合评价指数的相关研究[①]，结合河南省农业生态环境质量状况，确

---

① 高奇、师学义、张琛：《县域农业生态环境质量动态评价及预测》，《农业工程学报》2014年第5期；唐婷：《区域农业生态环境质量与生态经济的时空变化研究》，博士学位论文，南京农业大学，2012年，第27—29页；王永洁、王亚娟、刘小鹏：《宁夏农业生态环境质量综合评价及优化研究》，《水土保持研究》2007年第5期。

定河南省农业生态环境质量综合评价指数的分级基准（见表6—3）。

由图6—5可见，1995—2013年河南省农业生态环境质量综合评价指数发展变化趋于明显的增长态势。依据表6—3，1995—2003年，综合评价指数虽然处于"差"等级，但表现出一定的良性变化趋势，从0.225298上升至0.342062，年均增长4.75%。虽然2003年河南省受到自然灾害的影响，农业生态环境质量综合评价指数有所下降，较2002年环比下降了4.6个百分点，但当年的自然灾害对农业生态环境影响的总体表现不是特别明显。

表6—3　　　河南省农业生态环境质量综合评价指数分级基准

质量等级	综合指数	等级特征
差	$0 \leq u_j < 0.4$	农业生态环境系统结构破坏较大，受损程度比较严重，服务功能不健全，资源消耗和环境污染比较突出，生态灾害较多，经济社会发展水平落后，农业生态环境系统的恢复和重建比较困难
中	$0.4 \leq u_j < 0.6$	农业生态环境系统结构出现一些变化，并受到一定程度的破坏，服务功能有一定程度的退化，但尚可维持基本运作，资源消耗和环境污染较为明显，生态灾害时有发生，经济社会发展呈现良好趋势，农业生态环境系统虽遭受破坏但仍可恢复
良	$0.6 \leq u_j < 0.8$	农业生态环境系统结构基本完善，受损程度较小，服务功能良好，资源消耗和环境污染不明显，生态灾害不大且可以得到及时有效的管控，经济社会发展水平较高
优	$0.8 \leq u_j \leq 1.0$	农业生态环境系统结构非常完整，几乎没有受损现象，服务功能优异，资源充足，无环境污染，没有生态灾害，经济社会发展水平高

注：u_j代表农业生态环境质量综合评价指数

由于农业生态环境保护的重要性日益受到政府和普通群众的重视，一系列农业生态保护措施和防治污染项目的启动和实施，使得2004年之后河南省农业生态环境质量综合评价指数跃到"中"等级。2004—2008年，综合评价指数稳步增长，从0.437030上升至0.571524，年均增长

5.51%。2009 年之后，河南省农业生态环境质量综合评价指数进入"良"等级，从 2009 年的 0.618673 增长至 2013 年的 0.708511，年均增长 2.75%。总体而言，河南省农业生态环境质量综合评价指数在 1995—2013 年的 19 年间，虽然始终没有达到"优"等级，但随着时间的推移，从"差"等级经"中"等级发展到"良"等级，并表现出了不断向好的发展趋势。

为进一步分析河南省农业生态环境质量的主要影响因素和发展变化的成因，通过公式（6—9）考察各年度的驱动力指标、状态指标和响应指标的贡献率（见图 6—6）。

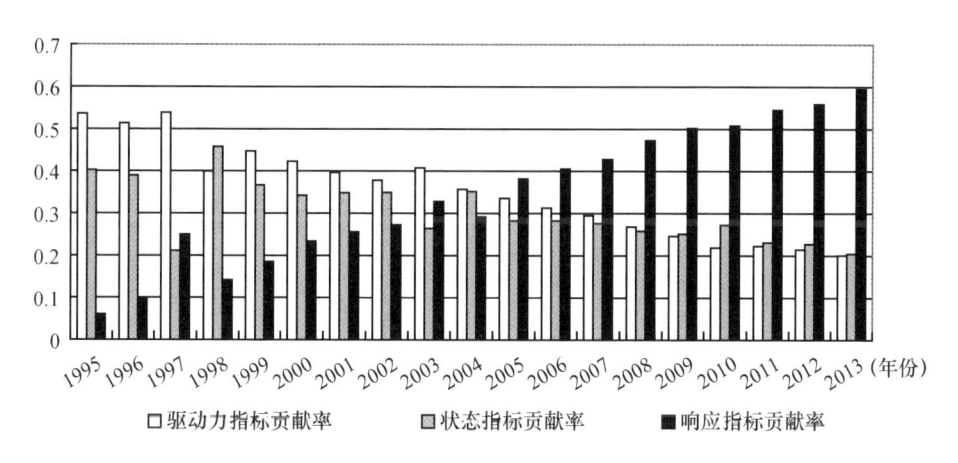

图 6—6 1995—2013 年河南省农业生态环境质量各类指标贡献率示意

某类指标贡献率 = 某类指标指数 ÷ 农业生态环境质量综合评价指数 × 100%　　　　　　　　　　　　　　　　　　　　　　　　　　（6—9）

由图 6—6 可见，1995—2013 年，伴随着河南省农业生态环境质量综合评价指数的不断提升，三类指标贡献率的整体变化趋势表现不同，驱动力指标和状态指标的贡献率逐渐减小，响应指标的贡献率逐渐增加。响应指标的贡献率在 2005 年首次超出了驱动力指标和状态指标的贡献率，并保持持续稳定增长。状态指标的贡献率以 2004 年为分界点，2004 年之前基本保持 40% 以上，2004 年之后虽然有所下降，但基本维持在 40% 以下。驱动力指标的贡献率在 19 年间表现出了持续的下滑趋势。

由此可以得出，河南省农业生态环境质量变化的基本规律：河南省农业生态环境质量综合评价指数的提升是由响应类指标的拉动所致，农业相关主体行为，特别是政府行为促进了农业生态环境综合评价指数的提高；以市场行为和农户行为为主体的驱动力指标表现不够理想，在综合评价指数变化的过程中，贡献率逐渐减弱；农业生态环境状况并没有伴随着综合评价指数的提高而提高，反而出现了一定程度的下降。

需要特别说明的是，高优指标 A_{19}（污染治理项目投资额）在 1997 年出现较大变动，较 1996 年和 1998 年分别高出 59.56% 和 38.99%，相对于 1995—2013 年的平均变动率 19.69% 而言，高出 39.87 个百分点，是平均水平的 2.25 倍。在其他指标年度变动率不高于 20% 的现实条件下，A_{19} 引致了响应指标和状态指标贡献率在 1997 年的异常变化。由此也可以初步推论：政府行为加大了污染治理项目投资额额度，提升了环境质量综合评价指数，一定程度上改善了农业生态环境的状况。

三　河南省农业经济评价结果分析

根据公式（6—8），对表 6—2 中相应数据进行计算，并绘制河南省农业经济综合评价指数变化趋势图（图 6—7）。农业经济综合评价指数越小，说明农业经济状况越差；其值越大，说明农业经济状况越好。

由图 6—7 可见，1995—2013 年河南省农业经济综合评价指数的变化趋势表现为两个阶段：以 2003 年为分界点，1995—2002 年河南省农业经济表现为较为缓慢的增长，综合评价指数维持在 0.119279—0.282960，每年的环比增长率在 10% 左右。由于 2003 年河南省农业自然灾害比较严重，农业经济综合评价指数环比增长率较 2002 年不增反降 16.7%。对比图 6—5，2003 年河南省自然灾害对农业生态环境质量的影响程度（环比下降了 4.6%），要远远低于对农业经济的影响程度。2004—2013 年河南省农业经济表现为较快增长，综合评价指数维持在 0.272302—0.890211。2004—2009 年综合评价指数环比增长率维持在 20% 左右的区间内变化，2010—2013 年综合评价指数环比增长率维持在 10% 左右的区间内变化。也就是说，在河南省农业经济较快发展的阶段，前期增长更快，后期在较高水平维持稳定增长态势。

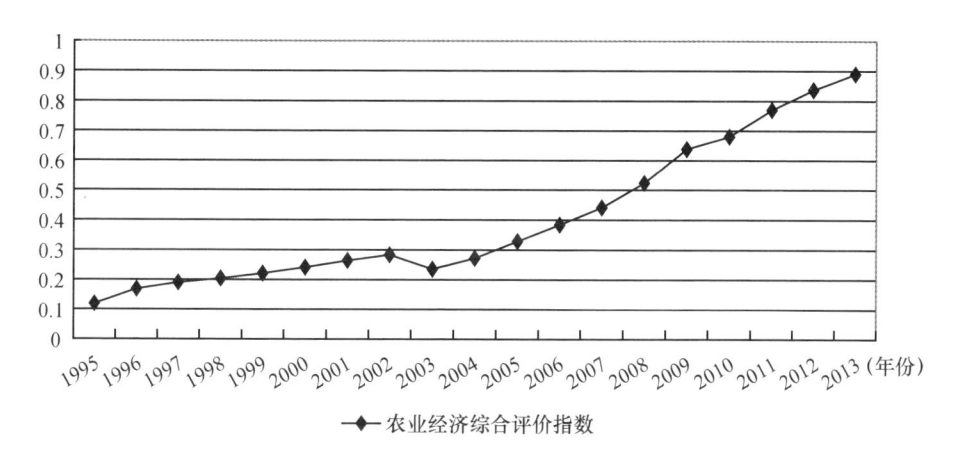

第六章 河南省农业生态环境与农业经济耦合系统协同发展分析 / 123

图6—7 1995—2013年河南省农业经济综合评价指数变化趋势

为进一步分析河南省农业经济发展的主要影响因素和变化成因，通过公式（6—10）考察各年度的驱动力指标、状态指标和响应指标的贡献率（见图6—8）。

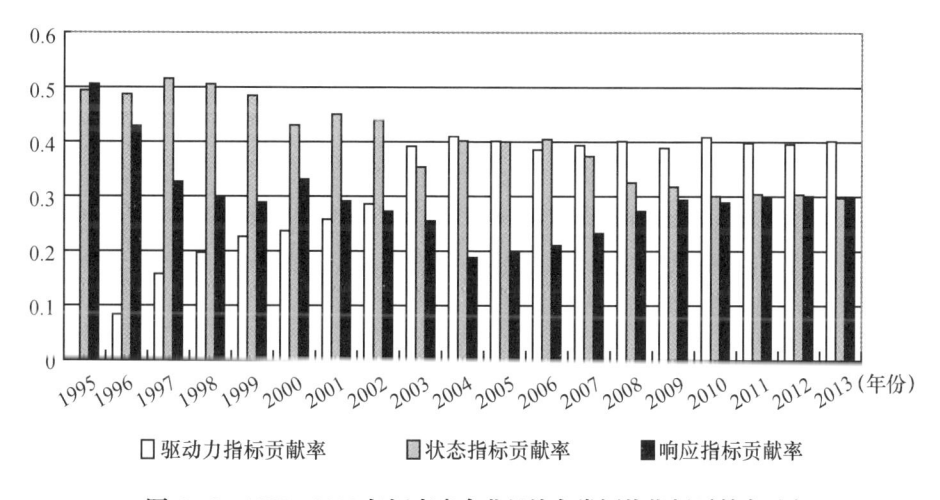

图6—8 1995—2013年河南省农业经济各类评价指标贡献率示意

某类指标贡献率 = 某类指标指数 ÷ 农业经济综合评价指数 × 100%

(6—10)

由图6—8可见,1995—2013年,伴随着河南省农业经济综合评价指数的不断增长,三类指标贡献率的整体变化趋势表现不同:驱动力指标的贡献率在2003年之前表现出逐年增长的态势,2003年之后基本维持在40%左右的变动区间;状态指标的贡献率在2008年之前表现出围绕40%基线的上下波动,2008年之后基本稳定在30%左右;响应指标的贡献率在2008年之前表现出围绕30%基线的上下波动,2008年之后基本稳定在30%左右。特别是2008—2013年,驱动力指标、状态指标和响应指标等三类指标的贡献率都表现出较为稳定的态势。

由此判断如下:首先,河南省农业经济中的驱动力指标贡献率在2003年之前虽然不断增长,但相对于状态指标和响应指标的贡献率不具有明显的优势,所以在此阶段农业经济总体表现出缓慢的增长变化。2003—2013年,驱动力指标的贡献率明显高出状态指标和响应指标的贡献率,从而带动农业经济整体的较快速增长。"驱动力"因素的构成要件主要是化肥、农药、地膜等石化能源和大量的用水、用电,这也充分表明了河南省农业经济具有明显的"石油农业"特征。按照"石油农业"发展的一般规律,"驱动力"因素在推动农业经济快速发展的过程中,也必然带来能源、环境和生态等一系列问题。

其次,理论上来讲,状态指标的贡献率应该基本反映农业经济发展的走势,而现实情况却是在农业经济缓慢增长的阶段状态指标的贡献率存在波浪式变动,而在农业经济较快增长阶段表现出相对的稳定状态。这说明农业经济无论是缓慢增长还是较快增长都不是正常状态的反映,而是外在推力引致下的发展状态,即"驱动力"因素投入过多,大量资源消耗,或农业经济效率低下所至。

最后,响应指标的贡献率类似于状态指标,即在农业经济缓慢增长的阶段响应指标的贡献率存在波浪式变动,而在农业经济较快增长阶段表现出相对的稳定状态。这说明无论是政府行为、市场行为,还是农户行为,响应指标的稳定性对农业经济发展具有很强的影响作用,当响应指标的贡献率不稳定时,农业经济发展较慢;当响应指标的贡献率稳定时,农业经济发展较快。同时,还必须看到,响应指标的贡献率相对于驱动力指标的贡献率还比较低,未能成为引领农业经济发展的重要因素。所以,从转变农业经济发展方式的角度出发,大力提高农业经济主体行为的积极性和有效参与度，转变高投入、高消耗、高污染、低效率的粗放型农业经济发展模式，引导农业经济走环境友好型、资源节约型的发展道路，从市场激励、政策扶持、农户参与的多元主体入手，提高响应指标的贡献率，促进农业经济的良性发展。

第四节 河南省农业生态环境与农业经济耦合协同发展分析

一 农业生态环境与农业经济耦合协同发展分析模型

农业生态环境质量综合评价指数和农业经济综合评价指数既是各自子系统状况的评价参考，也表现出他们对农业生态经济系统有序度的"贡献"，亦可称为子系统对耦合系统的指标功效集合或总功效。本书用 u_α 代表农业生态环境子系统对耦合系统的总功效，用 u_β 代表农业经济子系统对耦合系统的总功效，[1] 计算方法同公式（6—8）。

根据系统论和协同学原理，耦合度和协同度是用来描述系统间相互作用、彼此影响的度量。系统间的耦合作用及协同程度反映了系统序的类型、结构和功能，以及由无序走向有序的趋势。系统在相变点处的内部变量可分为快变量和慢变量，后者是决定系统相变进程的根本变量，即系统的序参量[2]。系统由无序走向有序机理的关键在于系统内部序参量之间的协同作用，它左右着系统相变的特征与规律，耦合度正是反映这种协同作用的度量。由此，借鉴物理学中的容量耦合概念[3]及容量耦合系数模型[4]，推广到多个系统相互作用的耦合度评价模型：

---

[1] 陈锋正、刘向晖、刘新平：《农业生态经济系统的耦合模型及其应用——以河南省为例》，《中南林业科技大学学报》2015年第3期。

[2] 吴大进、曹力、陈立华：《协同学原理和应用》，华中理工大学出版社1990年版，第9—17页。

[3] Lllingworth V., *The Penguin Dictionary of Physics*, Beijing: Foreign Language Press, 1996, pp. 92–93.

[4] 刘耀彬、李仁东、宋学锋：《中国城市化与生态环境耦合度分析》，《自然资源学报》2005年第1期。

$$C = t \times [(u_1 \times u_2 \times \cdots \times u_t) / \prod_{i \neq j(i,j=1,2\ldots t)} (u_i + u_j)]^{1/t} \quad (6—11)$$

其中，C 为耦合度，且 C∈[0,1]，t 为子系统个数，$u_1,u_2\cdots u_t$ 分别为各个子系统对总系统的功效值。本文研究的子系统是指农业生态环境子系统和农业经济子系统，因此 $t=2$，公式（6—11）可简化为：

$$C = 2 \times [(u_\alpha \times u_\beta) / (u_\alpha + u_\beta)^2]^{1/2} \quad (6—12)$$

耦合度作为反映农业生态环境与农业经济耦合程度的重要指标，可以评价二者耦合作用的强弱程度和时序变化趋势。但是，农业生态环境与农业经济存在交错、动态和非平衡等特性，耦合度指标仅仅反映的是总系统内各子系统间的相互耦合关系程度，却不能评价总系统的整体功效与协同效应。通过对相关文献的梳理和研究[1]，发现单纯依靠耦合度模型不足以辨别农业生态环境子系统和农业经济子系统的协同性，即便二者存在较高程度的耦合关系，它们的协同程度也是不便于观察的。因此，在耦合模型的基础上，进一步引入协同度评价模型，构造农业生态环境子系统和农业经济子系统的协同度函数（见公式6—13）来评价两个子间交互耦合协同程度。

$$\begin{cases} D = (C \times T)^{1/2} \\ T = \alpha u_\alpha + \beta u_\beta \end{cases} \quad (6—13)$$

其中，D 为协同度，且 D∈[0,1]，T 农业生态环境子系统和农业经济子系统的综合调和指数，α、β 为待定系数。鉴于两个子系统系统的评价指标体系构建原则和方法相同，指标数量相等，且二者对耦合系统的

---

[1] 贾士靖、刘银仓、邢明军：《基于耦合模型的区域农业生态环境与经济协调发展研究》，《农业现代化研究》2008 年第 9 期；任志远、黄青、李晶：《陕西省生态安全及空间差异定量分析》，《地理学报》2005 年第 4 期；张殿发、黄奕龙：《土地资源可持续利用的生态经济系统评价》，《农村生态环境》2000 年第 2 期；任志远、徐茜、杨忍：《基于耦合模型的陕西省农业生态环境与经济协调发展研究》，《干旱区资源与环境》2011 年第 12 期。

作用和影响基本相当，在参考相关研究成果的基础上[①]，本书设定待定系数 $\alpha = \beta = 0.5$。

二　河南省农业生态环境与农业经济耦合协同状况评价

通过农业生态环境与农业经济现状分析，获取两个子系统综合评价值，即他们对农业生态经济系统的"贡献"，或称为功效值，分别记为 u_α 和 u_β。将图6—5和图6—7合并至图6—9进行分析，1995—2008年农业生态环境子系统功效值大于农业经济子系统功效值，2009—2013年二者关系倒置。从整体发展趋势来判断，虽然二者都表现出时间序列的增长态势，但农业经济子系统的功效值在后期增长的更为迅速。

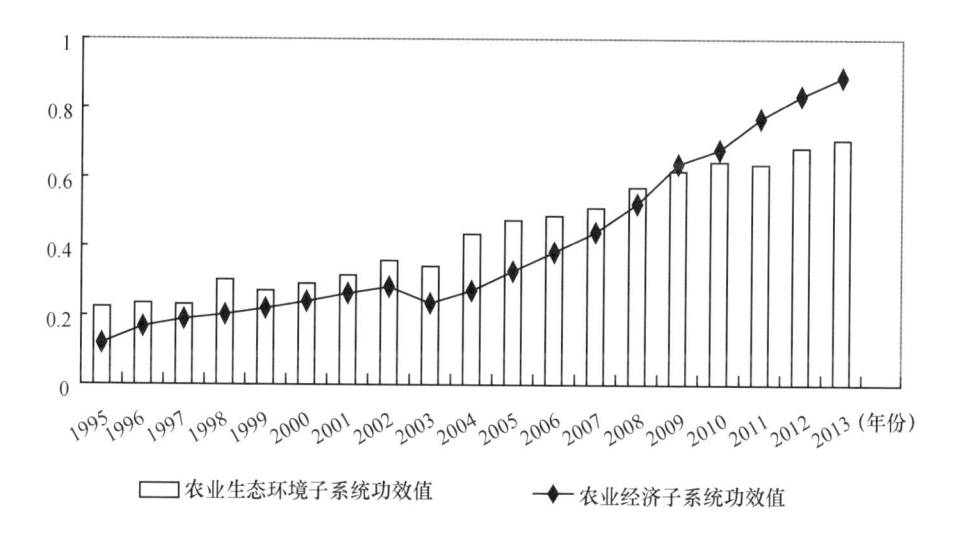

图6—9　1995—2013年河南省农业生态环境子系统
与农业经济子系统功效比较

---

① 贾士靖、刘银仓、邢明军：《基于耦合模型的区域农业生态环境与经济协调发展研究》，《农业现代化研究》2008年第9期；张殿发、黄奕龙：《土地资源可持续利用的生态经济系统评价》，《农村生态环境》2000年第2期；任志远、黄青、李晶：《陕西省生态安全及空间差异定量分析》，《地理学报》2005年第4期。

参考相关研究成果①,结合河南省农业生态环境子系统与农业经济子系统的实际情况,对二者功效值进行定量比较分析,形成 u_α 和 u_β 的对比关系及农业生态经济系统分类标准(见表6—4)。

表6—4　　u_α 和 u_β 对比关系及农业生态经济系统分类标准

3个大类		6个亚类	
$u_\alpha > u_\beta$	经济滞后型	$u_\beta/u_\alpha > 0.8$	经济比较滞后型
		$0.6 < u_\beta/u_\alpha \leq 0.8$	经济严重滞后型
		$0 < u_\beta/u_\alpha \leq 0.6$	经济极度滞后型
$u_\alpha < u_\beta$	环境滞后型	$u_\alpha/u_\beta > 0.8$	环境比较滞后型
		$0.6 < u_\alpha/u_\beta \leq 0.8$	环境严重滞后型
		$0 < u_\alpha/u_\beta \leq 0.6$	环境极度滞后型
$u_\alpha = u_\beta$	经济环境同步型	——	——

1995—2008年,$u_\alpha > u_\beta$,总体上属于经济滞后型。其中,1995年属于经济极度滞后型,1996、1998和2002—2006年属于经济严重滞后型,1997、1999—2001、2007和2008年属于经济比较滞后型。2009—2013年,$u_\alpha < u_\beta$ 时,总体上都属于环境比较滞后型。

通过以上农业生态环境子系统与农业经济子系统量化关系的分析,可以从宏观角度对农业生态经济系统做出初步的定性判断。下面将根据耦合协同状况评价模型对耦合系统的耦合度和协同度做出定量计算和分析。由公式(6—12)和公式(6—13),结合各年度的农业生态环境功效值与农业经济功效值,得出1995—2013年农业生态环境子系统与农业经济子系统的耦合度和协同度(见表6—5)。

---

① 贾蕊、梁银河、朱新民:《山西省农业资源环境与经济协调发展评价与对策研究》,《国土与自然资源研究》2007年第4期;任志远、徐茜、杨忍:《基于耦合模型的陕西省农业生态环境与经济协调发展研究》,《干旱区资源与环境》2011年第12期;杨士弘:《城市生态环境学》,科学出版社2004年版,第252—262页;贾士靖、刘银仓、邢明军:《基于耦合模型的区域农业生态环境与经济协调发展研究》,《农业现代化研究》2008年第9期。

表 6—5　　1995—2013 年农业生态环境子系统与农业经济
子系统的耦合度和协同度

年份	耦合度	协同度	年份	耦合度	协同度
1995	0.95149	0.40488	2005	0.98316	0.62861
1996	0.98590	0.44638	2006	0.99278	0.65853
1997	0.99518	0.45857	2007	0.99731	0.68959
1998	0.98035	0.49881	2008	0.99906	0.73977
1999	0.99460	0.49521	2009	0.99988	0.79279
2000	0.99540	0.51559	2010	0.99966	0.81428
2001	0.99588	0.53813	2011	0.99552	0.83714
2002	0.99303	0.59438	2012	0.99512	0.87064
2003	0.98291	0.53287	2013	0.99352	0.89117
2004	0.97266	0.58734	——	——	——

从表 6—5 可知，1995—2013 年河南省农业生态环境子系统与农业经济子系统的耦合度都在 0.9 以上，协同度在 0.40488—0.89117，表现为逐年上升趋势。参考相关研究成果[①]，结合河南省农业生态环境子系统与农业经济子系统的实际情况，对二者耦合度和协同度的定量比较分析，形成耦合协同程度分布区间及分类标准（见表 6—6）。由此判断，1995—2013 年河南省农业生态环境子系统与农业经济子系统的耦合程度为优质耦合。但是，耦合系统的优质耦合关系并不能充分证明二者的协同目标、协同内容和协同效应高度吻合，从 1995—2013 年协同度测算可见，二者

---

① 贾蕊、梁银河、朱新民：《山西省农业资源环境与经济协调发展评价与对策研究》，《国土与自然资源研究》2007 年第 4 期；刘新平、孟梅：《土地持续利用与生态环境协调发展的耦合关系分析——以塔里木河流域为例》，《干旱区地理》2011 年第 1 期；贾士靖、刘银仓、邢明军：《基于耦合模型的区域农业生态环境与经济协调发展研究》，《农业现代化研究》2008 年第 9 期；任志远、徐茜、杨忍：《基于耦合模型的陕西省农业生态环境与经济协调发展研究》，《干旱区资源与环境》2011 年第 12 期；张殿发、黄奕龙：《土地资源可持续利用的生态经济系统评价》，《农村生态环境》2000 年第 2 期；任志远、黄青、李晶：《陕西省生态安全及空间差异定量分析》，《地理学报》2005 年第 4 期。

的协同程度还是存在较大波动。由于研究时间跨度选择的原因，数据上下限的基准年决定了考察对象相互比较的相对性，这里所讲的耦合程度和协同程度，以及下文将要论证的协同发展效应都是在1995—2013年内的相对情况分析，不具有绝对判断的含义。即便如此，也可以初步推断河南省农业生态环境与农业经济耦合系统在1995—2013年处于优质耦合状态，协同程度沿着"低度协同—中度协同—高度协同"的发展路径演变。

表6—6　农业生态环境与农业经济耦合协同程度分布区间及分类标准

分布区间	耦合程度	协同程度
0—0.09	严重失调	失调状态
0.10—0.19	临界失调	
0.20—0.29	勉强耦合	低度协同
0.30—0.39	低度耦合	
0.40—0.49	初级耦合	
0.50—0.59	过渡耦合	中度协同
0.60—0.69	中度耦合	
0.70—0.79	调和耦合	
0.80—0.89	良好耦合	高度协同
0.90—1.00	优质耦合	

第五节　河南省农业生态环境与农业经济耦合系统协同发展效应分析

按照农业生态环境与农业经济耦合系统协同发展评价的逻辑思路，基于改进的DFSR模型，构建农业生态环境与农业经济耦合系统评价指标体系，在河南省农业生态环境与农业经济耦合系统协同发展状况分析的基础上，进一步对耦合系统的协同发展效应进行实证研究。

一 农业生态环境与农业经济耦合系统协同发展效应分析模型

通过耦合系统协同发展状况评价模型可以获取系统的耦合程度和协同程度,从宏观层面评价系统的耦合协同发展状况。但是,要从微观把握耦合系统内及子系统间的协同发展效应,还需要进一步构建耦合系统的协同发展效应评价模型,从子系统内部、子系统间和耦合系统的协同发展等层面进行量化分析。

在系统科学研究评价理论中,为实现特定目标,将选取有效方法对评价对象开展有针对性的主观估计和客观度量[①]。农业生态环境与农业经济耦合系统的评价对象是耦合系统中的农业生态环境子系统和农业经济子系统,评价方法为管理科学中的方法,通过系统发展阶段的特征进行综合分析,为科学决策提供可靠依据。所以,对耦合系统协同发展效应进行评价既是耦合系统协同发展目标、结构、功能和协同机理的理论研究的深化,也是检测耦合系统协同发展状态、指导科学决策与实践的重要内容,亦即理论联系实际的桥梁与纽带。

在系统科学评价研究中,系统的复杂程度与评价难度成正比,系统的多要素、复杂结构和多功能决定了系统评价的描述方式和量化表述的难度,往往表现为复杂系统的多层次结构和目标体系的递阶结构形式[②]。就本书的评价对象而言,属于复杂系统范畴内的子系统,具有多层次和多目标特征,协同发展表现为典型的动态、时序过程,数据包络分析法(DEA)在解决此类问题中具有简便和有效的特点[③]。

DEA是美国学者查恩斯和库伯在相对效率评价方法的基础上,研究推出的一种新的系统评价方法,即以多输入、多输出的同类型决策单元(DMU)替代单输入、单输出的工程效率概念,从而实施系统的有效评

[①] 段永瑞:《数据包缝分析——理论和应用》,上海科学普及出版社2006年版,第1—4页。

[②] 曾珍香、顾培亮:《可持续发展的系统分析与评价》,科学出版社2000年版,第115—120页。

[③] 穆东:《矿城耦合系统的演化与协同发展研究》,吉林人民出版社2004年版,第114—116页。

价①。DEA 应用数学规划模型评价多输入、多输出系统的有效性,不需要预先估计参数,根据 DMU 是否位于生产可能集的"前沿面"上判断 DMU 是否有效,避免主观因素及相关算法的误差。DEA 有效的经济学含义有两个层面的理解:其一,在投入一定的情况下,产出最大化;其二,在产出一定的情况下,投入最小化。虽然二者的视角和表述不同,但表达的经济学含义是相同的。

在类似于农业生态环境与农业经济耦合系统的多系统、多层次、多目标的评价时,DEA 具有如下优势:首先,DEA 的多输入、多输出模式不必预设输入和输出函数,可以按照多层次、多目标的时序完成系统的评价;其次,DEA 的评价指标的量纲的统一和权重由模型计算获得,不需人为取舍指标和赋权,避免了主观偏差,增强了评价的客观性;最后,DEA 排除非有效评价单元可能存在的统计误差对有效生产前沿面的影响,将有效评价单元组成有效生产前沿面,并且对非有效评价单元给出相关指标的调整方向和调整数量②。

在运用 DEA 对农业生态环境与农业经济耦合系统协同发展进行评价时,将河南省在不同年份的农业生态环境与农业经济耦合系统以及农业生态环境子系统和农业经济子系统作为 DEA 的一个 DMU,具有特定的输入和输出,为实现系统协同发展目标,以 C^2R 模型和 C^2GS^2 模型考察系统的协同效度、发展效度和协同发展效度,综合测评系统协同发展能力,为系统协同发展提供科学合理的决策依据。农业生态环境与农业经济耦合系统协同发展效应评价 DEA 法的逻辑思路见图 6—10。

学术界关于 DEA 模型的类型研究和计算机应用程序非常多,本书应用较为成熟的 C^2R 模型和 C^2GS^2 模型开展 DEA 对农业生态环境与农业经济耦合系统的评价。C^2R 模型和 C^2GS^2 模型是分别是判断 DMU 综合有效性和技术有效性的模型,综合有效性是技术有效性与规模有效性的综合,数理关系上表示为:

---

① A. Charnes, W. W. Cooper and M. Lawrence, "Invariant multiplicative efficiency and piecewise cobb-douglas envelopments", *Operations Research Letters*, Vol. 2, No. 101 – 103, Mar 1983.
② 崔晓迪:《区域物流供需耦合系统的协同发展研究》,博士学位论文,北京交通大学,2009 年,第 88—99 页。

第六章 河南省农业生态环境与农业经济耦合系统协同发展分析

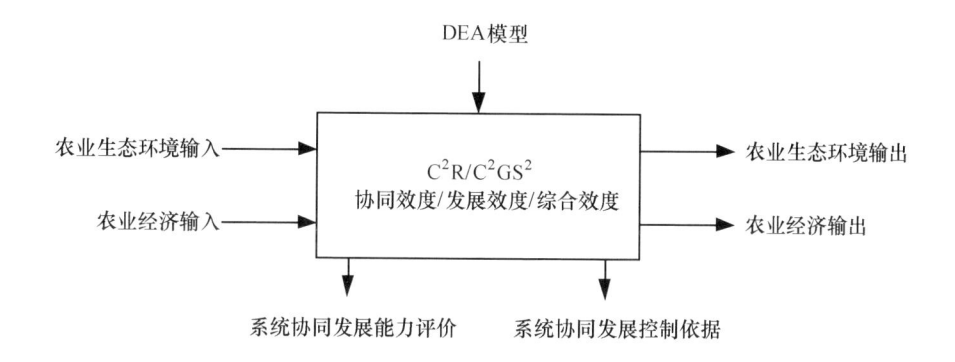

[图示：DEA模型框图，农业生态环境输入、农业经济输入 → C^2R/C^2GS^2 协同效度/发展效度/综合效度 → 农业生态环境输出、农业经济输出；系统协同发展能力评价、系统协同发展控制依据]

图 6—10 农业生态环境与农业经济耦合系统协同发展效应评价 DEA 法的逻辑思路

$$综合有效性 = 技术有效性 \times 规模有效性 \qquad (6—14)$$

根据模型特性和研究目标,将 C^2R 模型和 C^2GS^2 模型集合在一个 DEA 模型中(见图6—10),对 DMU 的综合有效性、技术有效性和规模有效性进行判断分析,深入了解各子系统之间以及各子系统内部协同发展效度[①]。

技术有效性表示了 DMU 中各生产要素实现经济学意义上的最佳组合,反映了系统内部结构比例和协同程度。规模有效性表示了 DMU 的投入和产出比例关系在经济学意义上达到了最佳状态,反映了系统发展规模的适当程度。综合有效性表示了 DMU 在有效前沿面上各生产要素组合比例适当、投入和产出规模处于理想状态。就本书目标而言,将农业生态环境与农业经济耦合系统协同有效性指标定义为"协同效度",将耦合系统的发展有效性指标定义为"发展效度",将耦合系统的协同发展有效性指标定义为"综合效度"。协同效度、发展效度和综合效度分别对应的是 C^2R 模型和 C^2GS^2 模型中的技术有效性、规模有效性和综合有效性的度量。因此,耦合系统协同发展综合效度是协同效度和发展效度的乘积。

[①] A. Charnes, W. W. Cooper and E. Rhodes, "Measuring the Efficiency of Decision Making U-nits", *European Journal of Operational Research*, Vol. 2, No. 429 – 444, June 1978.

由于 C^2R 模型和 C^2GS^2 模型的 DEA 计算机程序模块在学术研究与应用方面已非常完善，本书不再对模型的推导过程进行详细的阐述，将直接采用 DEAP2.1 软件，辅助 EXCEL 数据处理工具进行技术有效性、规模有效性和综合有效性的度量，从而开展耦合系统协同发展程度的评价。

二 输入输出指标的确定

运用 DEA 进行系统评价时，输入输出指标是决定评价结果的重要影响因素，科学选取恰当的输入输出指标直接关系到 DEA 评价结果的有效性。指标选择需遵循耦合系统协同发展评价指标体系的构建原则（6.2.2），结合农业生态环境与农业经济耦合系统评价指标体系（见图6—4），技术上要避免输入输出指标间的强线性关系，宏观上要体现影响系统演化，最终反映出评价目的和评价内容。

农业生态环境与农业经济耦合系统协同发展效应评价包括耦合系统、子系统内及子系统间等三个层面的评价。由于相关数据不具有数理统计的典型性，分布形态不明确，不宜采用单纯的客观统计分析方法，如主成分分析法，而应将主客观相结合，注重专家咨询意见。本书以农业生态环境与农业经济耦合系统评价指标体系（见图6—4）为基础，依据"收益型指标作为输出指标，成本型指标作为输入指标"[1] 确定 DEA 的输入输出指标，按照 DEA 的输入输出指标精简筛选方法，即"指标体系的指标数量 m 与决策单元数目 n 的关系为 $2m \leq n \leq 3m$"[2]（因为在本文研究中 n = 19，所以 m ∈ [7,9] 为宜），并通过相关文献梳理[3]和频度统计，筛选出 DEA 评价的输入输出指标集。本书的考察时间范围为1995—

---

[1] 刘洪玉、刘小琴：《技术进步、技术效率和规模效率与经济增长关系研究》，《区域经济》2011 年第 16 期。

[2] 叶世绮、颜彩萍、莫剑芳：《确定 DEA 指标体系的 B‑D 方法》，《暨南大学学报》（自然科学版）2004 年第 3 期。

[3] 叶世绮、颜彩萍、莫剑芳：《确定 DEA 指标体系的 B‑D 方法》，《暨南大学学报》（自然科学版）2004 年第 3 期；侯亚君、高峰：《输入输出指标的增加减少对 DEA 有效性的影响》，《沈阳工业学院学报》1998 年第 2 期；魏权龄：《数据包络分析》，科学出版社 2004 年版，第1—4 页；吴文江、刘亚俊：《DEA 中确定指标是输入（出）的根据及其应用》，《运筹与管理》2000 年第 4 期；陆位忠：《基于 DEA 的评价模型及其输入输出指标确定》，《包装工程》2005 年第 6 期。

2013年，界定每年的农业生态环境子系统与农业经济子系统作为决策单元（DMU），汇总相关输入输出指标数据（见表6—7和表6—8）。为确保所选取的输入输出指标能有效反映其对效率的影响，数据必须符合等幅扩张性的要求①。为检验表6—7和表6—8中所选取的输入指标与输出指标之间关系是否合理，需要进行相关矩阵验证（见表6—9和表6—10）。由1995—2013年输入输出指标的相关系数可见，输入输出指标两两之间呈现正相关关系，符合DEA输入输出指标数据等幅扩张性的要求，表明所选择的输入输出指标对河南省农业生态环境与农业经济耦合系统协同发展效率有影响作用。

三 协同发展效度的计算与评价

根据DEA评价模型的建立，农业生态环境与农业经济耦合系统协同发展效度的计算包括子系统内协同发展效度、子系统间协同发展效度和耦合系统综合协同发展效度等三个层面，每个层面都包括了协同效度、发展效度和综合效度等三类指标，是分别针对技术有效性、规模有效性和综合有效性的计算。当技术有效性的计算值为1时，表明系统处于协同有效，否则非有效；当规模有效性的计算值为1时，表明系统处于发展有效，否则非有效；当综合有效性的计算值为1时，表明系统处于综合有效，否则非有效，且可以分为协同有效和发展非有效、协同非有效和发展有效、协同和发展皆非有效等三种情况②。

（一）子系统内协同发展效应分析

子系统内协同发展效度的计算可以直接采用DEAP2.1软件，辅助EXCEL数据处理工具进行协同效度X_e、发展效度F_e和综合效度Z_e的度量，三者之间的关系为：

$$Z_e = X_e \times F_e \qquad (6—15)$$

---

① 叶世绮、颜彩萍、莫剑芳：《确定DEA指标体系的B-D方法》，《暨南大学学报》（自然科学版）2004年第3期。

② 穆东：《矿城耦合系统的演化与协同发展研究》，吉林人民出版社2004年版，第114—116页。

表6—7　农业生态环境子系统输入输出指标数据

年份	输出指标数据 农林牧副渔业总产值（亿元）	输入指标数据 农用化肥施用折纯量（万t）	农药使用量（万t）	农用塑料薄膜使用量（t）	环境污染治理项目投资额（万元）	农作物总播种面积（hm^2）	水土流失治理面积（hm^2）	除涝面积（hm^2）	农业用水总量（亿m^3）
1995	1304.25	322.20	7.56	53190.00	94676.00	12137.00	3401.00	1717.00	86.14
1996	1606.04	345.30	8.33	61724.00	72736.00	12257.40	3437.00	1717.00	89.57
1997	1710.12	355.30	8.49	69454.00	116056.00	12276.60	3524.00	1789.00	93.69
1998	1823.01	382.80	9.10	74871.00	70797.00	12567.05	3646.00	1814.00	120.43
1999	1906.75	399.85	9.61	79383.00	57365.00	12659.86	3646.00	1814.00	94.56
2000	1981.54	419.46	9.55	91901.00	80553.00	13136.91	3810.00	1848.00	102.89
2001	2102.79	441.73	9.85	94092.00	375474.00	13127.70	3891.80	1853.70	111.73
2002	2194.81	468.83	10.20	98610.00	439272.00	13359.76	3945.80	1847.30	125.09
2003	2193.09	467.89	9.87	98809.00	480046.00	13684.36	3986.15	1864.21	113.30
2004	2963.92	493.16	10.12	101631.00	611445.00	13789.66	4056.73	1888.98	124.54
2005	3309.70	518.14	10.51	108427.00	823431.00	13922.73	4122.49	1903.69	114.49
2006	3348.94	540.43	11.16	118414.00	951519.00	13995.53	4191.08	1914.09	140.15
2007	3879.93	569.68	11.80	126619.00	1144035.00	14087.84	4243.40	1902.45	120.07

续表

年份	输出指标数据	输入指标数据						
	农林牧副渔业总产值（亿元）	农用化肥施用折纯量（万）	农药使用量（万）	农用塑料薄膜使用量（t）	环境污染治理项目投资额（万元）	农作物总播种面积（hm^2）	水土流失治理面积（hm^2）	除涝面积（hm^2）	农业用水总量（亿m^3）
2008	4669.54	601.68	11.91	130736.00	1098844.70	14147.40	4347.98	1908.21	133.49
2009	4871.51	628.67	12.14	141354.00	1213168.70	14181.40	4449.38	1935.98	138.10
2010	5734.20	655.15	12.49	146979.00	1322450.30	14248.69	4428.70	1959.00	125.59
2011	6218.64	673.71	12.87	151616.00	1469668.00	14258.61	4412.59	1973.30	124.60
2012	6679.04	684.43	12.83	155169.00	1782135.00	14262.17	4510.86	1980.34	135.45
2013	7198.08	696.37	13.01	167794.00	2880995.00	14323.54	3236.74	1884.63	141.65

表6-8　农业经济子系统输入输出指标数据

年份	输出指标数据 农林牧副渔业总产值（亿元）	乡村从业人员（万人）	农业机械总动力（万kw）	农用柴油使用量（万）	农作物总播种面积（hm²）	有效灌溉面积（hm²）	农村农户固定资产投资额（亿元）	地方公共财政预算支出中农林水事务支出（亿元）	地方公共财政预算支出中教育支出（亿元）
1995	1304.25	3773.00	3115.39	51.30	12137.00	4044.20	116.05	17.59	39.01
1996	1606.04	3848.00	3557.50	57.40	12257.40	4191.10	170.79	21.12	47.30
1997	1710.12	4015.00	4337.90	67.80	12276.60	4333.10	244.08	23.47	55.90
1998	1823.01	4067.00	4764.44	72.69	12567.05	4513.86	193.10	25.71	64.49
1999	1906.75	4311.00	5342.88	79.46	12659.86	4648.78	210.94	28.39	74.71
2000	1981.54	4712.00	5780.58	79.56	13136.91	4725.31	254.95	34.19	82.19
2001	2102.79	4688.00	6078.69	83.51	13127.70	4766.00	291.25	36.94	96.00
2002	2194.81	4691.00	6548.21	85.07	13359.76	4802.36	303.07	44.77	130.07
2003	2193.09	4695.00	6953.17	84.58	13684.36	4792.22	325.30	47.92	131.15
2004	2963.92	4718.00	7521.12	86.86	13789.66	4829.08	348.77	65.99	153.29
2005	3309.70	4752.00	7934.23	89.79	13922.73	4864.12	450.20	82.28	187.32
2006	3348.94	4777.00	8309.13	93.04	13995.53	4918.80	508.20	111.34	233.15
2007	3879.93	4815.00	8718.71	96.42	14087.84	4955.84	591.54	152.51	366.12

第六章　河南省农业生态环境与农业经济耦合系统协同发展分析 / 139

续表

年份	输出指标数据	输入指标数据							
	农林牧副渔业总产值（亿元）	乡村从业人员（万人）	农业机械总动力（万kw）	农用柴油使用量（万）	农作物总播种面积（hm²）	有效灌溉面积（hm²）	农村农户固定资产投资额（亿元）	地方公共财政预算支出中农林水事务支出（亿元）	地方公共财政预算支出中教育支出（亿元）
2008	4669.54	4859.00	9429.27	99.24	14147.40	4989.20	669.63	209.59	444.03
2009	4871.51	4882.00	9817.84	134.17	14181.40	5033.03	780.12	361.60	526.14
2010	5734.20	4915.00	10195.89	137.92	14248.69	5080.96	786.60	399.19	609.37
2011	6218.64	4911.00	10515.79	111.07	14258.61	5150.44	834.63	480.48	857.14
2012	6679.04	4905.00	10872.73	112.25	14262.17	5205.63	891.38	551.73	1106.51
2013	7198.08	4581.00	11149.96	113.43	14323.54	4969.11	899.40	629.85	1171.52

表6—9　农业生态环境子系统输入输出指标相关系数矩阵

	Y	X_{A1}	X_{A2}	X_{A3}	X_{A4}	X_{A5}	X_{A6}	X_{A7}	X_{A8}
Y	1								
X_{A1}	0.966827	1							
X_{A2}	0.954004	0.992104	1						
X_{A3}	0.965599	0.994795	0.989803	1					
X_{A4}	0.946713	0.918250	0.902597	0.934769	1				
X_{A5}	0.828448	0.935605	0.921427	0.926583	0.812411	1			
X_{A6}	0.454707	0.604603	0.605627	0.552803	0.263405	0.691791	1		
X_{A7}	0.793946	0.891599	0.887307	0.875208	0.683257	0.916922	0.826534	1	
X_{A8}	0.731510	0.816562	0.808078	0.815962	0.758866	0.835541	0.519315	0.766003	1

表6—10　农业经济子系统输入输出指标相关系数矩阵

	Y	X_{B1}	X_{B2}	X_{B3}	X_{B4}	X_{B5}	X_{B6}	X_{B7}	X_{B8}
Y	1								
X_{B1}	0.604920	1							
X_{B2}	0.947141	0.806283	1						
X_{B3}	0.933564	0.819335	0.987747	1					
X_{B4}	0.828448	0.895720	0.958630	0.932699	1				
X_{B5}	0.808642	0.935555	0.935746	0.955164	0.943755	1			
X_{B6}	0.982655	0.674311	0.967062	0.949895	0.870414	0.846956	1		
X_{B7}	0.974838	0.487803	0.876065	0.875099	0.718650	0.719046	0.944492	1	
X_{B8}	0.970630	0.488793	0.873943	0.871358	0.722075	0.723654	0.932196	0.987564	1

利用农业生态环境子系统输入输出指标数据（见表6—7）和农业经济输入输出指标数据（见表6—8），借助 DEAP 2.1 软件计算协同效度、发展效度和综合效度。在 DEAP 2.1 软件的计算结果中，firm 表示样本个数，本书以河南省在 1995—2013 年每一年的农业生态环境与农业经济耦合系统以及农业生态环境子系统和农业经济子系统作为 DEA 的一个 DMU，所以样本个数为 19；crste 表示综合效度，即通过 C^2R 模型判断 DMU 综合有效性，在本文中用来评价协同发展综合效度，简称综合效度；vrste 表示协同效度，即通过 C^2GS^2 模型判断 DMU 技术有效性，在本书中用来评价协同效度；scale 表示发展效度，按照公式（6—14），crste、vrste 和 scale 的数量关系可以表示为：

$$\text{crste} = \text{vrste} \times \text{scale} \qquad (6—16)$$

在 DEAP 2.1 软件的结果评价中，如果 crste、vrste 或 scale 的值为 1 时，经济学意义上表明 DMU 处于最优状态，综合效度、协同效度或发展效度是有效性；如果 crste 的值小于 1 时，表明协同效度和发展效度小于 1，或二者有其一小于 1，小于 1 者即为非有效性。有效性表明在现有输入量不变的情况下，现有的输出量为最大，亦可阐述为在现有输出量不变的情况下，输入量为最小。非有效性表明应该对输入量或输出量进行调整以促进有效性的生成。具体而言，drs 所标示的 DMU 为规模需要缩小，irs 所标示的 DMU 为规模需要增大。

经 DEAP2.1 软件评价 1995—2013 年河南省农业生态环境子系统协同发展情况，结果如图 6—11 所示。由此判断，1996 年、1999—2000 年、2011—2013 年河南省农业生态环境子系统协同发展综合有效；1995 年、1997—1998 年、2001—2010 年协同发展综合非有效，且均提示规模需要增大。其中，1995 年、1997—1998 年发展非有效、协同有效，2001—2010 年发展非有效、协同非有效。

由模型测算结果（见图 6—11）深入分析，2011—2013 年河南省农业生态环境总体投入与产出达到了生产前沿面，协同效应和发展效应都达到了有效状态，资源配置合理，生态效益和可持续发展状态良好。而

```
Results from DEAP Version 2.1

Instruction file = dblank.ins
Data file        = ee1.txt
  Output orientated DEA
  Scale assumption: VRS
  Slacks calculated using multi-stage method

EFFICIENCY SUMMARY:

 firm  crste  vrste  scale
   1   0.906  1.000  0.906 irs
   2   1.000  1.000  1.000  -
   3   0.944  1.000  0.944 irs
   4   0.992  1.000  0.992 irs
   5   1.000  1.000  1.000  -
   6   1.000  1.000  1.000  -
   7   0.754  0.763  0.988 irs
   8   0.726  0.730  0.994 irs
   9   0.713  0.728  0.981 irs
  10   0.857  0.873  0.982 irs
  11   0.818  0.834  0.982 irs
  12   0.746  0.761  0.981 irs
  13   0.770  0.793  0.971 irs
  14   0.925  0.933  0.991 irs
  15   0.900  0.902  0.997 irs
  16   0.995  0.995  0.999 irs
  17   1.000  1.000  1.000  -
  18   1.000  1.000  1.000  -
  19   1.000  1.000  1.000  -

 mean  0.897  0.911  0.985
```

图 6—11　DEAP2.1 软件评价 1995—2013 年河南省农业生态环境子系统协同发展结果

2011 年之前的大多数年份（除 1995 年和 1997—1998 年），综合效度都小于 1，农业生态环境投入要素都出现了偏大的倾向，比如化肥、农药、地膜、水资源、耕地和污染治理投入等使用量较大，表现出资源过度消耗而产出规模不足的矛盾，与模型推演 irs 所标示的 DMU 规模需要增大相吻合。所以，从产出角度来观察，河南省农业生态环境的多数年份都应该减少投入量，比如减少化肥、农药、地膜和农业用水等资源的消耗，提高资源利用率，也可以维持相对较高的理想产出，从而实现生态效益和生态环境的可持续发展。特别是 2011—2013 年河南省加大农业生态环境治理，取得了较为显著的实验结果，在模型推演中综合效度为 1 也证明了这一点。

```
Results from DEAP Version 2.1

Instruction file = dblank.ins
Data file        = ee2.txt
 Output orientated DEA
 Scale assumption: VRS
 Slacks calculated using multi-stage method

EFFICIENCY SUMMARY:

 firm   crste   vrste   scale
   1    1.000   1.000   1.000   -
   2    1.000   1.000   1.000   -
   3    1.000   1.000   1.000   -
   4    1.000   1.000   1.000   -
   5    1.000   1.000   1.000   -
   6    0.952   0.966   0.985  drs
   7    0.971   0.979   0.991  drs
   8    0.920   0.927   0.992  drs
   9    0.885   0.893   0.991  drs
  10    1.000   1.000   1.000   -
  11    1.000   1.000   1.000   -
  12    0.939   0.940   0.999  drs
  13    0.958   0.958   1.000   -
  14    1.000   1.000   1.000   -
  15    0.928   0.928   0.999  irs
  16    1.000   1.000   1.000   -
  17    0.992   0.993   1.000   -
  18    0.994   0.997   0.997  irs
  19    1.000   1.000   1.000   -

 mean   0.976   0.978   0.998
```

图 6—12　DEAP2.1 软件评价 1995—2013 年河南省农业经济子系统协同发展结果

经 DEAP2.1 软件评价 1995—2013 年河南省农业经济子系统协同发展情况，结果如图 6—12 所示。由此判断，1995—1999 年、2004—2005 年、2007—2008 年、2010—2011 年和 2013 年河南省农业经济子系统协同发展综合有效；2000—2003 年、2006 年、2009 年和 2012 年协同发展综合非有效，均属于发展非有效、协同非有效，其中，2000—2003 年和 2006 年提示规模需要缩小，2009 年和 2012 年规模需要增大。由模型测算结果可以判断，河南省农业经济子系统多数年份的投入与产出达到了生产前沿面，协同效应和发展效应都达到了有效状态，资源配置较为合理，经济效益与可持续发展趋势较好。

（二）子系统间协同发展效应分析

子系统间协同发展效度的计算也可以采用 DEAP2.1 软件，辅助 EXCEL 数据处理工具进行协同效度、发展效度和综合效度的度量。但是，在运用软件处理数据之前需要调整子系统间的输入输出数据，形成子系统间的交叉输入输出表，以便得出子系统间的计算结果。本书约定以 A 和 B 分别代表农业生态环境子系统和农业经济子系统，将 A 的输入指标和 B 的输出指标分别设定为 A 对 B 的交叉输入输出表的输入指标和输出指标。同理，将 B 的输入指标和 A 的输出指标分别设定为 B 对 A 的交叉输入输出表的输入指标和输出指标。这种交叉输入输出表构成的 DMU 符合 DEA 模型的 DMU 特征，即具有相同的输入输出指标、相同的外部环境、相同的任务和目标[①]。在 C^2R 模型中，定义 A 的输入与 B 的输出形成的综合效度为 $Z_e(A/B)$，在 C^2GS^2 模型中，定义 A 的输入与 B 的输出形成的协同效度为 $X_e(A/B)$，则 A 的输入与 B 的输出形成的发展效度为 $F_e(A/B)$，且三者满足如下关系：

$$F_e(A/B) = Z_e(A/B) \div X_e(A/B) \qquad (6—17)$$

---

① 吴文江：《有关 DEA 有效决策单元判断定理的探讨》，《系统工程理论与实践》1999 年第 8 期。

如果 $X_e(A/B) = F_e(A/B) = Z_e(A/B) = 1$，则 A 对 B 同时满足协同有效、发展有效和综合有效，即 A 的输入对 B 的输出的效率是相对优的，亦即 A 对 B 的输入输出关系是最适配的。进一步分析，若 $X_e(A/B) \in [0,1]$，$X_e(A/B)$ 越接近于 1，则 A 对 B 的协同效果就越好；若 $F_e(A/B) \in [0,1]$，$F_e(A/B)$ 越接近于 1，则 A 对 B 的发展效果就越好。同理可以得到 B 对 A 的协同效度 $X_e(B/A)$、发展效度 $F_e(B/A)$ 和综合效度 $Z_e(B/A)$，且三者满足如下关系：

$$F_e(B/A) = Z_e(B/A) \div X_e(B/A) \qquad (6—18)$$

如果 $X_e(B/A) = F_e(B/A) = Z_e(B/A) = 1$，则 B 对 A 同时满足协同有效、发展有效和综合有效，即 B 的输入对 A 的输出的效率是相对优的，亦即 B 对 A 的输入输出关系是最适配的。进一步分析，若 $X_e(B/A) \in [0,1]$，$X_e(B/A)$ 越接近于 1，则 B 对 A 的协同效果就越好；若 $F_e(B/A) \in [0,1]$，$F_e(B/A)$ 越接近于 1，则 B 对 A 的发展效果就越好。

农业生态环境子系统与农业经济子系统间的协同发展效应评价是将二者的输入输出指标进行互换，按照 DEA 的 C^2R 模型和 C^2GS^2 模型计算 DMU 的协同效度、发展效度和综合效度。由于两个子系统的输出指标均选择了具有权威性和综合性的"农林牧副渔业总产值"指标作为唯一衡量指标，所以子系统间的协同发展效应评价就与子系统内的协同发展效应评价结果的数值相同（见表 6—11）。这样的模型设计既符合农业生态环境与农业经济的实际情况，也与 DEA 的设计原则相吻合。同时，这样的模型设计为后续计算和耦合系统协同发展的整体判断树立了相对稳定的标杆，有利于增强模型判断的准确性和可信度。

表6—11　　1995—2013年河南省农业生态环境子系统与农业经济
子系统间协同发展效应评价结果

年份	农业生态环境对农业经济（A/B）			农业经济对农业生态环境（B/A）		
	综合效度	协同效度	发展效度	综合效度	协同效度	发展效度
1995	0.906	1.000	0.906	1.000	1.000	1.000
1996	1.000	1.000	1.000	1.000	1.000	1.000
1997	0.944	1.000	0.944	1.000	1.000	1.000
1998	0.992	1.000	0.992	1.000	1.000	1.000
1999	1.000	1.000	1.000	1.000	1.000	1.000
2000	1.000	1.000	1.000	0.952	0.966	0.985
2001	0.754	0.763	0.988	0.971	0.979	0.991
2002	0.726	0.730	0.994	0.920	0.927	0.992
2003	0.713	0.728	0.981	0.885	0.893	0.991
2004	0.857	0.873	0.982	1.000	1.000	1.000
2005	0.818	0.834	0.982	1.000	1.000	1.000
2006	0.746	0.761	0.981	0.939	0.940	0.999
2007	0.770	0.793	0.971	0.958	0.958	1.000
2008	0.925	0.933	0.991	1.000	1.000	1.000
2009	0.900	0.902	0.997	0.928	0.928	0.999
2010	0.995	0.995	0.999	1.000	1.000	1.000
2011	1.000	1.000	1.000	0.992	0.993	1.000
2012	1.000	1.000	1.000	0.994	0.997	0.997
2013	1.000	1.000	1.000	1.000	1.000	1.000

由表6—11相关计算可得，1995—2013年河南省农业经济对农业生态环境的综合效度均值、协同效度均值和发展效度均值分别是0.976、0.978和0.998，而农业生态环境对农业经济的综合效度均值、协同效度均值和发展效度均值分别是0.897、0.911和0.985。从总体上来看，农业经济对农业生态环境的协同发展效应与农业生态环境对农业经济的协同发展效应差异不大，如果仅从数值比较，前者要略优于后者。由此判

断，河南省农业生态环境与农业经济相互作用势均力敌，总体表现为决策单元没有达到生产前沿面，即在农业生态环境相对稳定的情况下，农业经济指标投入量过大；在农业经济指标投入一定的情况下，农业生态环境效率低下。这也就意味着河南省农业生态环境支撑农业经济发展的能力相对不足，而农业经济粗放式发展模式和生产要素的过量投入导致了农业生态环境的恶化。

（三）耦合系统协同发展效应分析

农业生态环境与农业经济耦合系统的协同效度 $X_e(A,B)$、发展效度 $F_e(A,B)$ 和综合效度 $Z_e(A,B)$ 可以通过如下公式进行计算：[1][2][3]

$$X_e(A,B) = \frac{\min[X_e(A/B), X_e(B/A)]}{\max[X_e(A/B), X_e(B/A)]} \qquad (6—19)$$

$$Z_e(A,B) = \frac{\min[Z_e(A/B), Z_e(B/A)]}{\max[Z_e(A/B), Z_e(B/A)]} \qquad (6—20)$$

$$F_e(A,B) = \frac{Z_e(A,B)}{X_e(A,B)} \qquad (6—21)$$

在子系统内及子系统间协同效应评价结果的基础上，利用公式（6—19）、（6—20）和（6—21），可以计算得出河南省1995—2013年农业生态环境与农业经济耦合系统的协同效度、发展效度和综合效度（见表6—12）。

---

[1] 曾珍香、顾培亮：《可持续发展的系统分析与评价》，科学出版社2000年版，第115—120页。
[2] 崔晓迪：《区域物流供需耦合系统的协同发展研究》，北京交通大学2009年版，第88页。
[3] 王维国：《协调发展的理论与方法研究》，中国财政经济出版社2000年版，第227—228页。

表6—12 1995—2013年河南省农业生态环境与农业经济耦合系统协同发展效应评价结果

年份	综合效度	协同效度	发展效度
1995	0.906	1.000	0.906
1996	1.000	1.000	1.000
1997	0.944	1.000	0.944
1998	0.992	1.000	0.992
1999	1.000	1.000	1.000
2000	0.952	0.966	0.986
2001	0.777	0.779	0.996
2002	0.789	0.787	1.002
2003	0.806	0.815	0.988
2004	0.857	0.873	0.982
2005	0.818	0.834	0.981
2006	0.794	0.810	0.981
2007	0.804	0.828	0.971
2008	0.925	0.933	0.991
2009	0.970	0.972	0.998
2010	0.995	0.995	1.000
2011	0.992	0.993	0.999
2012	0.994	0.997	0.997
2013	1.000	1.000	1.000

表头：农业生态环境与农业经济耦合系统（A,B）

由表6—12可见，1995—2013年河南省农业生态环境与农业经济耦合系统协同发展效应总体上是非有效，说明耦合系统内部要素之间的协同程度和同步发展趋势存在差异，不能达到投入与产出的生产前沿面，无法实现最优结果。通过以上分析，如果从农业生态环境子系统、农业经济子系统和二者的耦合系统协同发展状况来看，即便农业生态环境与农业经济存在较强的耦合关系、协同发展趋势向好，但二者协同发展的效度并没有达到最优的理想状态，而仅仅依靠二者耦合协同的惯性发展，也是不可能促进协同发展效应的提高。因此，需要耦合系统外部因素的介入，比如政府行为、市场行为和农户行为等，调整系统的物质流、信息流、能量流和价值流，提高系统内要素的协同发展程度，真正促进耦合系统的协同发展。

第六节　本章小结

本章按照农业生态环境与农业经济耦合系统协同发展分析的逻辑思路，从构建评价指标体系的意义和原则出发，通过对主体行为的横向维度、纵向维度和时间维度等三个视角，构建耦合系统协同发展的评价指标体系。

从河南省农业生态环境与农业经济的实际出发，分别考察了河南省1995—2013年农业生态环境质量综合评价指数和农业经济综合评价指数的变化情况，二者都表现出随时间发展的增长态势。从驱动力指标、状态指标和响应指标间的关系可以判断，河南省农业生态环境质量综合评价指数的提升，是由政府行为引发的响应类指标的拉动所致，以市场行为和农户行为为主体的驱动力指标贡献率逐渐减弱，农业生态环境状态指标并没有伴随着综合指数的提高而提高，反而出现了一定程度的下降。在农业经济综合评价指数中驱动力指标、状态指标和响应指标的贡献率都表现出较为稳定的态势。

在河南省农业生态环境与农业经济耦合协同发展状况的实证研究中，发现以2008年为分界线，2008年之前的农业生态环境子系统功效值大于农业经济子系统功效值，2008年之后二者关系倒置。1995—2013年河南省农业生态环境子系统与农业经济子系统的耦合度都在0.9以上，属于优质耦合关系，二者协同度在0.40488—0.89117，并表现为逐年上升的趋势。

本章还重点关注了河南省农业生态环境与农业经济耦合系统协同发展效应评价，借鉴DEA的C^2R模型和C^2GS^2模型构建评价指标、进行相关测度，分别对农业生态环境子系统与农业经济子系统内部、子系统之间和耦合系统的协同发展效应开展评价，评价结论是：河南省农业生态环境子系统1996年、1999—2000年、2011—2013年协同发展综合有效，

1995 年、1997—1998 年、2001—2010 年协同发展综合非有效；河南省农业经济子系统 1995—1999 年、2004—2005 年、2007—2008 年、2010—2011 年和 2013 年协同发展综合有效，2000—2003 年、2006 年、2009 年和 2012 年协同发展综合非有效。河南省农业生态环境子系统与农业经济子系统 1995—2013 年的协同发展效应表现为后者对前者的协同发展效应要略优于前者对后者的协同发展效应。1995—2013 年河南省农业生态环境与农业经济耦合系统协同发展效应总体上是非有效，系统内部要素之间的协同程度和同步发展趋势存在差异，不能达到投入与产出的生产前沿面，无法实现最优结果。

第七章

河南省农业生态环境与农业经济耦合系统协同发展的主体行为分析

  农业生态环境与农业经济耦合系统协同发展的研究对象是客观存在的耦合系统。按照嵌入性理论，"人类经济嵌入并缠结于经济与非经济的制度之中，将非经济的制度包括在内是极其重要的"[①]。农业生态环境与农业经济耦合系统的客观性可以通过系统的耦合度、协同度和相关评价得以体现，耦合系统协同发展效应也可以经过客观指标的评价得以反映。然而，这并不意味着耦合系统的存在与发展可以脱离人类社会的调节与干预，恰恰相反，耦合系统深深地"嵌入"于经济社会，并受各种主体行为的影响和作用，从而反映出耦合协同发展的各异特征和可能趋势。因此，在前面章节研究的基础上，进一步拓展耦合系统协同发展的主体行为分析既是本书的重要组成部分，也是将研究引向深入，探讨耦合系统协同发展的利益协同、组织协同、信息协同和技术协同等内容，在利益牵引机理、组织推动机理、信息强化机理、技术支撑机理、政策导向机理和文化激励机理等耦合协同发展机理的作用下，如何实现耦合系统协同发展的高效与集约、协调与和谐、可持续演进等目标，为河南省或类似区域农业生态环境与农业经济耦合系统协同发展的实践提供参考与依据。

[①] M. Granovetter, "Economic Action and Social Structure: the Problem of Embeddedness", *American Journal of Sociology*, Vol. 91, No. 37, Mar 1985.

第一节　市场行为与政府行为在耦合系统中"二律背反"

在农业生态环境与农业经济耦合系统协同发展的主体行为分析中，以西方经济学的理论框架探讨了市场行为与政府行为，以及在二者基础上的农户行为对耦合系统协同发展的作用机理。仅以此还不能完全形成耦合系统协同发展主体行为分析的基础，还需要澄清市场行为与政府行为在耦合系统中"二律背反"问题，并以此创设农户行为的实施条件，为后续问卷调查和访谈等实证研究提供必要的理论准备和实践基础。

一　市场行为与政府行为在耦合系统中"二律背反"现象

"二律背反"源于18世纪德国古典哲学家康德在《纯粹理性批判》一书中提出的哲学概念，是指"两个互相排斥但同时皆可论证的命题之间的矛盾"①。这也就是说在一定条件下，理性认识的辩证性试图超越现实、超越自己的经验界限（现实世界）去认识"彼岸世界"（康德语：物自体），只能带着感性和知性阶段有限的和相对的概念、范畴去认识无限的、绝对的"彼岸世界"，就必然导致了同一个事物同时存在两个相互对立的矛盾现象。

在农业生态环境与农业经济耦合系统中似乎也存在"二律背反"。比如，农业经济快速发展需要消耗大量的耕地，投入大量的机械、化肥、农药和水资源等，从而导致生态环境的破坏和恶化，不利于人类经济社会的可持续发展。同时，农业生态环境的保护需要恪守耕地红线，减少"石油农业"对生态环境造成的不良影响。人类在权衡二者利弊时往往是"鱼与熊掌"不可兼得，仿佛进入了"二律背反"的陷阱而不能自拔。对于从事农业生产的农户而言，是要服从追求利益最大化的市场行为，还是要遵循谋求人类生态福祉的政府行为，在现实生产生活中也是矛盾的。

---

① 《哲学大辞典·逻辑学卷》编辑委员会：《哲学大辞典·逻辑学卷》，上海辞书出版社1988年版，第70页。

二　市场行为与政府行为在耦合系统中的"二律背反"现象分析

进一步探究康德的"二律背反"思想可以发现，所谓的"二律背反"是康德二元哲学体系的产物。康德将客观世界划分为"现象"与"物自体"的二元世界，他将人类思维和存在归为"现象"，而思维会趋向"物自体"，但不能与"物自体"相统一，即二元世界完全独立和对立。这种二元论思想把对立统一的客观世界片面化和绝对化，突出客观世界的矛盾性，抹杀客观世界的统一性，形成了非此即彼、形而上学的矛盾观，从而导致"两个互相排斥但同时皆可论证的命题之间的矛盾"。如果从静态角度审视"二律背反"，存在能够证明对思维的作用规律和思维的稳定状态正反命题同时成立的情况，但这绝不是客观世界的内在规律。由于静态的相对性和动态的绝对性决定了客观世界在发展变化中对立面相互转化、运动变化，并最终走向统一。因此，"二律背反"是正反命题逻辑上的矛盾，不是客观世界的对立统一关系。

在农业生态环境与农业经济耦合系统中，市场行为与政府行为并存，市场以利益最大化为行为准则，政府为大多数人群谋求福利，市场原则与政府目标似乎是"二律背反"，是不可调和的非此即彼的矛盾关系。其实不然，如果以动态的、辩证的视角来观察，市场行为与政府行为不但是引导农户行为的两股力量，而且还是可以走向统一的引导力量。现实中，农业面源污染严重、生态环境恶化、农业经济可持续发展乏力等现象是在特定时期、特定条件下的产物。在前面章节关于耦合系统的耦合度、协同度，以及耦合协同发展效应研究所阐释的内容是在一定时间内不同主体行为综合作用的结果。如果将其置于更长的历史发展过程中，市场行为、政府行为和农户行为不但可以得到统一，而且还应该共同促进生态环境的改善和农业经济的可持续发展。这一目标的实现既包括了耦合系统作为客观存在的必然规律，又是各行为主体能动地参与农业生态环境保护和对农业经济可持续发展的积极推动。

三　市场行为与政府行为在耦合系统中的统一

通过哲学视角的分析，农业生态环境与农业经济耦合系统中的市场行为与政府行为不但不是"二律背反"，反而可以通过能动地改造主体行为方式，促进二者的融合与统一。其实，在西方经济学理论框架下，市场行为与政府行为的探讨已经有二百多年的历史：早在资本主义社会初期，在反对封建专制、倡导自由民主的社会背景下，被誉为经济学鼻祖的亚当·斯密极力强调市场的作用，反对政府干涉自由市场，市场和政府的作用分别被比喻为"看不见的手"的支配和"守夜人"的天职；可是，20世纪二三十年代，自由市场经济模式导致了全球经济大萧条，经济学家梅纳德·凯恩斯提出了发挥政府作用，主张通过赤字财政的方式，增加公共投资，解决有效需求不足和普遍失业等问题，使资本主义世界艰难地从经济大萧条走了出来；然而，20世纪70年代，资本主义发达国家的"滞胀"危机使得政府干预市场的凯恩斯主义无能为力，经济学家米尔顿·弗里德曼遂指出，政府的过多干预限制了市场的充分竞争，扰乱了市场的运行秩序，市场的自愿交易意味着激励协调与自由竞争，而政府干预必然导致利益冲突和垄断。

长期以来，经济运行中关于如何运用市场行为与政府行为的争论，表现出特定历史条件下的"或左或右""非左即右"和"非右即左"等形态，在未来经济发展中，可以预见这三种形态还会长期存在。但是，经济社会发展的普遍规律显示市场行为与政府行为作为经济手段因环境条件的变化而异，不存在绝对的固化模式，并且市场行为对资源配置具有效率优势，政府行为对资源配置具有公平优势，这在中国经济体制改革中得到较充分的验证，正确处理市场行为与政府行为的关系也成为中国经济体制改革的核心。党的十五大提出"使市场在国家宏观调控下对资源配置起基础性作用"，党的十六大提出"在更大程度上发挥市场在资源配置中的基础性作用"，党的十七大提出"从制度上更好发挥市场在资源配置中的基础性作用"，党的十八大提出"更大程度更广范围发挥市场在资源配置中的基础性作用"，党的十八届三中全会进一步强调"在资源配置中市场要起决定性作用"[1]。

从中国经济体制改革方向的变化可以看到，市场行为在整个经济运行中的地位在不断提升，政府行为方式更加明确，二者的关系定位不断

---

[1] 习近平：《关于〈中共中央关于全面深化改革若干重大问题的决定〉的说明》，《求是》2013年第22期。

清晰。就农业生态环境与农业经济耦合系统而言，其本身符合经济运行的一般规律，市场对资源配置具有决定性作用，也是最有效率的行为方式。但是，耦合系统具有公共产品属性，特别是系统中存在的生态环境因素不具备完全市场条件，完全市场行为的调节就会出现市场失灵现象。同样，对耦合系统的农业经济因素，如果完全按照政府行为方式加以调节，政府失灵就不可避免。所以，在农业生态环境与农业经济耦合系统中，单纯的市场行为或单纯的政府行为都不是最佳的选择，只有二者协调同步，各司其职，才能最大限度地减少市场失灵和政府失灵现象，促进耦合系统的协同发展。同时，也必须强调，在经济全球化和市场化的现实背景下，市场依然是资源配置最有效的方式，政府是保证市场有效运行的根本保障，二者相辅相成，缺一不可。

在市场行为与政府行为共同创设的经济运行环境中，农户行为既表现出对市场行为的认同，又表现出对政府行为的遵从，并在二者共同的调节作用下，对农业生态环境与农业经济耦合系统施加影响。农户作为独立的经济个体，其行为方式具有明显的趋利性和不稳定性，当市场行为引导产生的利益大于政府行为，或政府行为引导产生的利益大于市场行为，农户行为方式必将发生改变并追寻利益最大化。所以，市场行为与政府行为既是耦合系统运行的前提条件，又是促使耦合系统发展的引导性力量，引导农户行为从而促进耦合系统的发展。

由此，通过对农户行为的实证分析可以深入了解市场行为与政府行为对农户施加的影响，以及农户行为在市场行为与政府行为引致下对农业生态环境与农业经济耦合系统的作用机理，从而更准确地把握微观主体对耦合系统协同发展产生的影响，为促进耦合系统协同发展提供可靠的政策依据。

第二节　农户行为在耦合系统中的实证分析

在农业生态环境与农业经济耦合系统中，农户行为对耦合系统的作用机理是在市场行为、政府行为和农户自身因素的共同作用下形成的。农户作为行为主体，其行为方式受到自身行为意愿的支配，并受到外部因素的影响，从而表现出农户行为与耦合系统协同发展的"一致"或"不一致"。以耦合系统协同发展为目标，考察农户行为与目标的关系及其影响因素，探求农户行为的有效调控因素，关注耦合系统的微观主体行为选择，以便采取有效的激励约束措施促进耦合系统的协同发展。

一 农户行为实证分析的理论基础

理论界关于农户行为的研究主要有理性小农学派、组织生产学派和历史学派[1]。理性小农学派认为在工业化社会，经济政策更倾向于"重工轻农"，而农户作为追求利润最大化的理性经济人将因政策的"失误"长期处于贫困无法摆脱[2]。组织生产学派认为农户代表了新的人类文化和新的人类自觉，不是理性动物[3]，农户家庭经营的特点决定了农户行为本身的独特性，遵循自身的逻辑、方法和原则[4]。历史学派在综合理性小农学派和组织生产学派的基础上，分析了中国农业"没有发展的增长"和反过密化的农村改革过程，提出自给自足的农户经济行为不同于商品经济下的农户，农村资源要素结构的独特性决定了中国农户行为的特殊性[5]。

借鉴前人研究成果，本书采用计划行为理论（Theory of Planned Behavior, TPB）作为农户行为分析的理论基础。TPB 在国内外相关研究中被广泛应用，且具有较好的研究对象行为解释力和预测性，受到社会行为研究者的认同和青睐。TPB 是基于信息加工的视角，按照期望价值理论研究主体行为的决策依据、决策过程和决策结果。TPB 的雏形是多属性态度理论（TMA），TMA 认为预期的行为结果和结果评估决定行为态度，行为态度决定行为意向。理性行为理论（TRA）在 TMA 基础上阐释了行为意向受行为态度和主观规范的影响，行为意向是决定行为的直接因素。Ajzen 在 TRA 的基础上进一步扩大了理论的适用范围，增加了知觉行

---

[1] 宋圭武：《农户行为研究若干问题述评》，《农业技术经济》2002 年第 4 期。
[2] ［美］西奥多·舒尔茨：《改造传统农业》，商务印书馆 2003 年版，第 18—20 页。
[3] 宋圭武：《农户行为研究若干问题述评》，《农业技术经济》2002 年第 4 期。
[4] 陈凤霞：《基于农户行为的质量安全稻米生产的经济学分析——以黑龙江省为例》，中国农业出版社 2015 年版，第 21—23 页。
[5] 陈凤霞：《基于农户行为的质量安全稻米生产的经济学分析——以黑龙江省为例》，中国农业出版社 2015 年版，第 21—23 页。

为控制变量①。就本书涉及的农户行为分析，既有市场行为和政府行为的外部力量影响，又受自身属性、生产特征、生活特征、认知特征和期望特征等内部因素的控制，无论是外部力量，还是内部因素，它们既相互独立，又彼此相关，对行为态度、主观规范和知觉行为控制产生一定的作用，激发行为意向，引致实际行动，即对农业生态环境与农业经济耦合系统协同发展产生影响的具体行为。这就是耦合系统农户行为的TPB内涵，用结构模型图表示见图7—1。

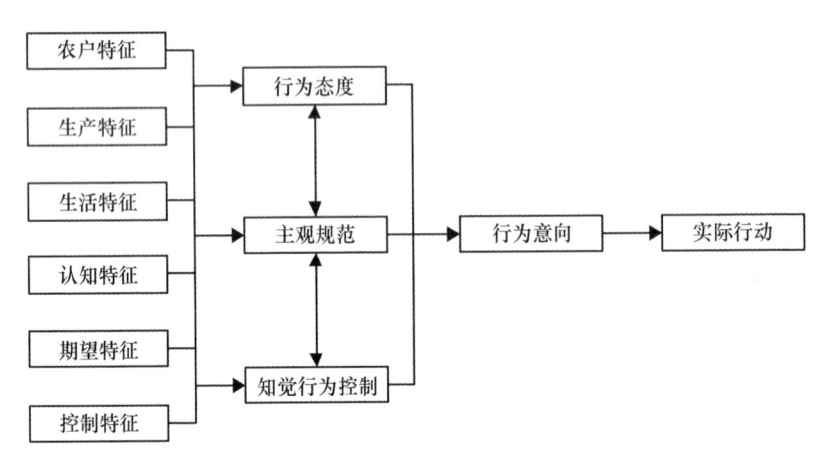

图7—1 农业生态环境与农业经济耦合系统的农户行为TPB结构模型

按照TPB，农户的行为态度、主观规范和知觉行为控制受到农户特征、生产特征、生活特征、认知特征、期望特征和控制特征等影响，并对农户行为意向产生作用，进而影响农户的实施行动。而农户的生产特征、生活特征、认知特征、期望特征和控制特征等既是农户自身特征的反映，又是在市场行为与政府行为共同作用下产生的结果，并且它们彼此作用，共同引致了农户的实际行动。

本书从河南省的实际出发，结合研究需要设计调查问卷。2015年3月至5月，该调查问卷草稿在河南省郑州市、新乡市和驻马店市的8个行政村开展了实验性填报，共计120份调查问卷。之后，对调查问卷进行了

---

① 段文婷、江光荣：《计划行为理论述评》，《心理科学进展》2008年第2期。

适度调整（见附录：农业生态环境与农业经济调查问卷）。问卷内容涵盖了农户特征包括年龄、性别、民族和文化程度等八类指标，生产特征包括人均耕地面积、所从事的农业活动、施肥方法、病虫害防治方法、农业灌溉方法和运用农膜作业情况五类指标，生活特征包括生活污水排放、生活垃圾处理情况、人畜粪便处理情况和环境污染情况四类指标，认知特征包括对生态农业了解程度、对农业可持续发展了解程度和对农药和化肥负面影响的了解程度三类指标，经济特征包括人均年收入、人均年支出、家庭支出比例和农业生产资料价格变化程度四类指标，控制特征包括参加农业技术培训情况、对生态农业的宣传了解程度、对农业可持续发展的宣传了解程度、农业补贴的作用和政府支农政策的影响五类指标。

二 数据来源及初步分析

农户行为分析的数据来源于 2015 年 7 月至 10 月在河南省范围内的调查问卷和实地访谈。本次调查活动利用了河南科技学院大学生暑期调研和河南农村的农闲时间，通过对入户调查大学生的前期培训和跟踪督导，以及与相关受访地政府的有效沟通，大大提高了调研活动的可靠性和准确性。调查对象覆盖了河南省郑州市（密县和二七区）、开封市（兰考县和杞县）、洛阳市（新安县和宜阳县）、平顶山（汝州市）、安阳市（林州市）、鹤壁市（浚县和淇县）、新乡市（封丘县、原阳县、辉县和获嘉县）、焦作市（修武县、温县、沁阳县、武陟县和马村区）、濮阳市（台前县、濮阳县、清丰县、南乐县和范县）、许昌市（襄城县、长葛县和禹州市）、漯河市（召陵县）、三门峡市（陕县和卢氏县）、商丘市（宁陵县、睢县、夏邑县、民权县、永城市和梁园区）、周口市（太康县、扶沟县、鹿邑县、淮阳县、沈丘县和川汇区）、驻马店市（平舆县、汝南县、确山县、泌阳县和驿城区）、南阳市（镇平县、淅川县、南召县和西峡县）和信阳市（淮滨县、潢川县和平桥区）17 个地级市和 1 个省直管县级市（济源市），共计 55 个县区的 89 个行政村。

本次调研共计发放问卷 830 份，收回 769 份，去除不良问卷（如答案缺失较多、答题自相矛盾、问卷涂改严重等），有 735 份问卷信息进入统计，受访者的基本信息见表 7—1。

表7—1 受访者基本信息分布

基本信息	信息类别	样本数（份）	比例（%）
性别	男	392	53.3
	女	343	46.7
民族	汉族	729	99.2
	少数民族	6	0.8
年龄	30 岁及以下	201	27.3
	31—40 岁	117	15.9
	41—50 岁	264	35.9
	51—60 岁	91	12.4
	61 岁及以上	62	8.5
文化程度	文盲	28	3.8
	小学	171	23.3
	初中	306	41.6
	高中	195	26.5
	大学及以上	35	4.8

由表7—1 可见，在 735 位受访者中男女性别占比分别为53.3% 和46.7%，30 岁及以下、31—40 岁、41—50 岁、51—60 岁和61 岁及以上等不同年龄段占比分别为27.3%、15.9%、35.9%、12.4% 和8.5%，文盲、小学、初中、高中和大学及以上等不同文化程度占比分别为3.8%、23.3%、41.6%、26.5% 和4.8%。对比河南省农村人口现状，男女性别比为100.81∶100，汉族和少数民族人数比例为8281∶100，0—14 岁、15—59 岁和60 岁及以上等不同年龄段人口比例为21.0%、66.3% 和12.7%，文盲、小学、初中、高中和大学及以上等不同文化程度人口比例为3.1%、27.6%、47.9%、19.2% 和2.2%，[①] 抽样调查数据基本符合河南省农村的实际情况，且受访者的性别、民族、年龄和文化程度分布合理，各类信息数据基本呈现正态分布，能够较好地反映河南省现实状况。

为保证农户行为分析模型建立在科学有效的基础上，借助 SPSS18.0 对调查问卷的数据进行 Cronbach's α 信度检验，并运用 KMO 和 Bartlett's test 测试问卷的有效性，Cronbach's α 的值为 0.769 > 0.6，KMO 的值为

---

① 根据2013 年河南省统计年鉴（第六次人口普查指标）整理得到。

0.684＞0.5，Bartlett's test 的显著性概率为 0.000＜0.05，对比检验结果判断问卷的信度和效度符合相关要求，得出结论：问卷调查数据可以作为基础数据进行相应的统计分析。

三 农户行为分析的模型选择

农户行为分析是通过对农户特征、生产特征、生活特征、认知特征、期望特征和控制特征等自变量的调节，形成行为态度、主观规范和知觉行为控制，带动行为意向，支配实际行动，表现为农户行为与耦合系统协同发展的"一致"或"不一致"，亦即因变量的二项分布。根据二元 Logistic 回归模型的定义，当农户行为与耦合系统协同发展"一致"时，因变量取值为 1；当农户行为与农业生态经济系统协同发展"不一致"时，因变量取值为 0。在调研活动过程中，依据农户生产、生活、认知与期望等行为意愿和行为特征，并从调研访谈记录做出综合判断给出因变量值。

作为影响农户行为的驱动因素或自变量，有些已被相关学者证实：宋辉、张锋等分别运用湖北省农地流转数据和全国中西部地区化肥施用数据论证了农户特征对农业生产和农业生态环境等方面有重要影响[1]；陈美球、钟春平、黄武等运用江西省农地流转、农业补贴、江苏省秸秆处理工作等数据证明了农业生产特征和生活特征对农业生态环境与农业经济的影响[2]；陈世发、邓正华等运用农户认知特征论证了粤北岩溶山区、洞庭湖湿地保护区农户的认知能力和认知水平对农业生态环境与农业经济的作用[3]；钟春平、李小建等运用农业补贴、豫西地区农户期望特征证明了农户期望对农

---

[1] 张锋：《中国化肥投入的面源污染问题研究——基于农户施用行为的视角》，博士学位论文，南京农业大学，2011 年，第 81—92 页；宋辉、钟涨宝：《基于农户行为的农地流转实证研究——以湖北省襄阳市 312 户农户为例》，《资源科学》2013 年第 5 期。

[2] 陈美球、肖鹤亮、何维佳：《耕地流转农户行为影响因素的实证分析——基于江西省 1396 户农户耕地流转行为现状的调研》，《自然资源科学》2008 年第 3 期；黄武、黄宏伟、朱文家：《农户秸秆处理行为的实证分析——以江苏省为例》，《中国农村观察》2012 年第 4 期；钟春平、陈三攀、徐长生：《结构变迁、要素相对价格及农户行为——农业补贴的理论模型与微观经验证据》，《金融研究》2013 年第 5 期。

[3] 陈世发、刘文：《基于 PRA 的农户行为与水土流失耦合关系研究——以粤北岩溶山区为例》，《水土保持研究》2013 年第 2 期；邓正华、张俊飚、许志祥：《农村生活环境整治中农户认知与行为响应研究——以洞庭湖湿地保护区水稻主产区为例》，《农业技术经济》2013 年第 2 期。

业生态经济系统的影响①；李国平、魏欣、夏自兰等运用退耕还林生态补偿、农业面源污染机制、黄土丘陵区水土保持等控制特征数据证明了政府行为影响农户在农业生态经济系统协同发展中的作用②。由此，本书结合河南省农业生态经济系统的实际情况，为更好地解释农户行为对农业生态经济系统的影响作用，主要关注六大类特征的 21 个变量，分别是 $x_1, x_2, x_3, \cdots, x_{21}$。其中，农户特征包括：性别、年龄和文化程度三项；生产特征包括：人均耕地面积、施肥方法、病虫害防治方法、农业灌溉方法和运用农膜作业情况五项；生活特征包括：生活污水排放情况、生活垃圾处理情况和人畜粪便处理情况三项；认知特征包括：对生态农业了解程度、对农业可持续发展了解程度和对农药和化肥负面影响的了解程度三项；期望特征包括：人均年收入、人均年支出和农业生产资料价格变化情况三项；控制特征包括：参加农业技术培训情况、对生态农业的宣传情况、对农业可持续发展的宣传情况、农业补贴的作用四项，具体变量说明及描述性统计见表7—2。构建农户行为模型：

$$\begin{cases} p(y=1 \mid x) = \dfrac{\exp(\beta_0 + \beta_1 x_1 + \beta_2 x_2 + \cdots + \beta_{21} x_{21})}{1 + \exp(\beta_0 + \beta_1 x_1 + \beta_2 x_2 + \cdots + \beta_{21} x_{21})} \\ p(y=0 \mid x) = \dfrac{1}{1 + \exp(\beta_0 + \beta_1 x_1 + \beta_2 x_2 + \cdots + \beta_{21} x_{21})} \end{cases} \quad (7—1)$$

其中，$p(y=1 \mid x)$ 代表农户行为与耦合系统协同发展"一致"的概率，$p(y=0 \mid x)$ 代表农户行为与耦合系统协同发展"不一致"的概率，β_0 代表截距项，$\beta_1, \beta_2, \cdots, \beta_{21}$ 分别代表相应影响因子的回归系数。运用 Logistic 回归模型对农户行为与耦合系统协同发展"一致"或"不一致"的概率统计，分析影响农户行为的因素与农户行为概率之间的关系，可以深入探析主体行为对耦合系统协同发展的影响和作用。

---

① 钟春平、陈三攀、徐长生：《结构变迁、要素相对价格及农户行为——农业补贴的理论模型与微观经验证据》，《金融研究》2013 年第 5 期；李小建：《欠发达农区经济发展中的农户行为——以豫西山地丘陵区为例》，《地理学报》2002 年第 4 期。

② 李国平、石涵予：《退耕还林生态补偿标准、农户行为选择及损益》，《中国人口·资源与环境》2015 年第 5 期。

第七章 河南省农业生态环境与农业经济耦合系统协同发展的主体行为分析 / 163

表7—2　变量说明及描述性统计

变量类别	变量名称	变量代码	变量定义	预期作用方向	值域
农户特征	性别	x_1	男性=1，女性=2	?	1-2
	年龄	x_2	18—30岁=1，31—40岁=2，41—50岁=3，51—60岁=4，61岁及以上=5	-	1-5
	文化程度	x_3	文盲=1，小学=2，初中=3，高中=4，大学及以上=5	+	1-5
	人均耕地面积	x_4	1亩及以下=1，大于1亩小于等于2亩=2，大于2亩小于等于3亩=3，大于3亩小于等于4亩=4，大于4亩=5	?	1-5
生产特征	施肥方法	x_5	大量施撒化肥=1，化肥和农家肥混合使用=2，施用农家肥=3，测土配方施肥=4，施用长效缓释肥=5	+	1-5
	病虫害防治方法	x_6	用高浓度高残留农药=1，用高效低度新农药=2，用生物农药=3，技术和基因改良技术=4，用光、电、微波等物理措施=5	+	1-5
	农业灌溉方法	x_7	大水漫灌=1，普通喷灌=2，现代农业微灌溉=3	+	1-3
	运用农膜作业情况	x_8	是=1，不是=2	+	1-2

续表

变量类别	变量名称	变量代码	变量定义	预期作用方向	值域
生活特征	生活污水排放情况	x_9	随意排放=1，排放到附近的水沟或河流=2，通过管道集中处理=3，排放到沼气池=4	+	1-4
	生活垃圾处理情况	x_{10}	随意堆放=1，集中无害化处理=2，有机垃圾化处理=3	+	1-3
	人畜粪便处理情况	x_{11}	随意排放=1，人沼气池资源化=2，制作有机肥=3	+	1-3
认知特征	对生态农业了解程度	x_{12}	很了解=1，一般了解=2，不太了解=3，没听说过=4	-	1-4
	对农业可持续发展了解程度	x_{13}	很了解=1，一般了解=2，不太了解=3，没听说过=4	-	1-4
	对农药和化肥负面影响的了解程度	x_{14}	不知道=1，没有影响=2，影响较轻=3，影响较重=4，影响十分严重=5	+	1-5
期望特征	人均年收入	x_{15}	3000元及以下=1，3001—6000元=2，6001—9000元=3，9001—12000元=4，12001元及以上=5	?	1-5
	人均年支出	x_{16}	3000元及以下=1，3001—6000元=2，6001—9000元=3，9001—12000元=4，12001元及以上=5	?	1-5
	农业生产资料价格变化情况	x_{17}	涨幅太快，无法承受=1，涨幅一般，可以承受=2，国家控制较好，比较满意=3，不清楚=4	?	1-4

续表

变量类别	变量名称	变量代码	变量定义	预期作用方向	值域
控制特征	农业技术培训情况	x_{18}	是=1，不是=2	-	1-2
	对生态农业的宣传情况	x_{19}	很到位=1，有宣传，但还不够=2，基本没有=3，不清楚=4	-	1-4
	对农业可持续发展的宣传情况	x_{20}	很到位=1，有宣传，但还不够=2，基本没有=3，不清楚=4	-	1-4
	农业补贴的作用	x_{21}	是=1，不是=2	+	1-2

四 模型推演及结果分析

在Logistic模型回归分析中,按照逐步回归的基本思想[①],利用SPSS18.0统计软件对相关数据采用向前逐步回归的方法对模型进行估计。结果显示:似然比卡方检验的观测值为20.753,概率为0.008 < 0.05,说明解释变量与因变量之间线性关系显著;-2对数似然值为110.880,Cox & Snell R^2 值为0.654,Nagelkerke R^2 值为0.931,说明回归模型具有较高的拟合优度;通过判错矩阵可见,模型整体预测的正确率为70.5%,说明模型在一定程度上预测效果较好。具体各自变量的模型回归结果见表7—3。

表7—3　　　　　　　　　自变量的模型回归结果

变量类别	变量代码	B	S. E.	Wald	Sig.	Exp(B)
农户特征	x_1	-1.303	1.212	1.307	0.251	0.769
	x_2	-1.287	0.588	4.824	0.009	0.736
	x_3	0.576	0.481	1.521	0.025	0.390
生产特征	x_4	0.276	0.961	0.324	0.631	0.308
	x_5	0.351	1.247	0.027	0.225	0.690
	x_6	0.101	0.241	0.201	0.319	0.237
	x_7	1.215	0.780	0.351	0.147	1.665
	x_8	0.941	1.005	0.786	0.193	0.759
生活特征	x_9	-1.206	0.876	0.274	0.206	0.231
	x_{10}	1.479	0.257	0.510	0.411	1.414
	x_{11}	0.806	1.092	0.613	0.170	0.653

---

① 从一个自变量开始,将自变量一个个引入方程,并且在每一次引入一个自变量时,这个自变量的偏回归平方和经过检验应该是所有尚未引入回归方程的自变量中最为显著的那一个;在引入一个新的自变量、建立新的线性回归方程之后,接着对早先引入方程的自变量逐个进行检验,由偏回归平方和最小的自变量开始,将偏回归平方和经过检验不显著的自变量从回归方程中逐个剔出;引入自变量与剔出自变量交替进行,直到再也不能引入新的自变量又不能从方程中剔出已列入的自变量为止。

续表

变量类别	变量代码	B	S. E.	Wald	Sig.	Exp(B)
认知特征	x_{12}	-0.097	0.287	0.006	0.047	1.151
	x_{13}	0.545	0.023	0.191	0.121	0.319
	x_{14}	0.648	0.519	1.283	0.016	0.604
期望特征	x_{15}	1.329	0.342	1.457	0.332	0.288
	x_{16}	0.943	0.125	1.099	0.185	1.506
	x_{17}	0.751	0.057	0.876	0.193	1.023
控制特征	x_{18}	-0.319	0.446	1.503	0.045	0.283
	x_{19}	-1.083	0.892	0.647	0.033	1.566
	x_{20}	1.701	0.306	0.437	0.227	0.071
	x_{21}	0.834	0.210	0.864	0.208	0.256
——	Constant	-0.870	0.081	115.776	0.000	0.419

由表7—3可见，对模型起显著影响的有六个变量：农户年龄变量x_2（$p=0.009$）、农户文化程度变量x_3（$p=0.025$）、对生态农业了解程度变量x_{12}（$p=0.047$）、对农药和化肥负面影响的了解程度变量x_{14}（$p=0.016$）、农业技术培训情况变量x_{18}（$p=0.045$）和对生态农业的宣传情况变量x_{19}（$p=0.033$），其余变量对模型影响不显著。结合调查问卷结果和调查访谈，具体分析如下。

农户特征变量。农户特征变量中的农户性别变量x_1（$p=0.251$）对模型影响不具有显著性，农户年龄变量x_2和农户文化程度变量x_3对模型分别通过了1%和5%的显著性检验。农户年龄变量的回归系数为负值，说明随着农户年龄的增长，农户行为远离促进农业生态环境与农业经济耦合系统的协同发展，亦即青年农户更容易理解和推动耦合系统的协同发展。农户文化程度变量的回归系数为正值，说明随着农户教育程度的提高，农户行为更有利于耦合系统的协同发展。

生产特征变量和生活特征变量。农户生产特征变量和生活特征变量均未通过显著性检验，由此推论，农户现有的生产行为和生活行为都不支持农业生态环境与农业经济耦合系统的协同发展。在调查样本中有91.3%的农户从事"小麦、玉米、水稻等粮食作物种植"，这与河南省全国粮食生产第一大省的省情相吻合。在相关农业生产过程中,有78.6%和82.1%的农户需要施肥技术和病虫害防治技术,说明农户急需农业生产技术,但不能得到有效支持,市场行为不能提供农业生产的配套技术,需要政府加大农业技术培训的投入力度,进一步改善农业生产模式。在调查样本中有29.4%的农户选择使用农膜生产,但对农膜回收的农户仅有3.3%。通过访谈获知,农户普遍知晓农膜对生态环境的不良影响,但市场逐利导向使农膜回收率极低。在认识到农药和化肥负面"影响较重"和"影响十分严重"的农户中,有92.5%和87.3%的农户继续选择"大量施撒化肥"和"使用高浓度高残留农药"。在对生态农业"很了解"和"一般了解"、对农业可持续发展"很了解"和"一般了解"的农户中,分别有79.6%、85.3%和68.4%的农户对生活污水、生活垃圾和人畜粪便采用"随便排放"的方式,说明农户即便具有维护耦合系统协同发展的意识,但囿于生活条件的限制和生活行为惯性,生活行为方式还不能与耦合系统协同发展相契合。

认知特征变量。农户认知特征变量中的对农业可持续发展了解程度变量x_{13}($p=0.121$)对模型影响不具有显著性,对生态农业了解程度变量x_{12}与对农药和化肥负面影响的了解程度变量x_{14}对模型都通过了5%的显著性检验。农户对生态农业了解程度变量的回归系数为负值,说明农户越了解生态农业越能促进耦合系统协同发展。同理推论,农户越是对农业可持续发展程度了解,越能够促进耦合系统的协同发展。但是,模型结果并不支持该理论假设,这可以从农户自身选择性偏好,或从政府行为对生态农业宣传与农业可持续发展宣传效果差异得到一定的启发,并在控制变量分析中进一步探讨。对农药和化肥负面影响的了解程度变量回归系数为正值,说明农户对农药和化肥负面影响的了解程度与推动耦合系统协同发展具有正相关关系,越了解农药和化肥的负面影响,农户行为越倾向与促进耦合系统协同发展。在认知特征方面,调研活动还对农村存在的污染源问题进行了调查,92.8%的受访者认为秸秆燃烧污染严重,74.8%的受访者认为是农药残留污染严重,44.5%的受访者认为化肥污染严重,16.7%的受访者认为农膜污染严重。受访者对污染源的认知既是自身生产生活的真实感受,也间接传递出政府行为在管控农村生态环境与影响农户行为的工作方向。特别是2015年下半年,河南省及其周边地区雾霾天气频发,空气质量恶化严重,政府加大对农业生产和农户生活的管理控制,严控焚烧秸秆,强化了农户对生态环境保护的认知。

期望特征变量。农户期望特征变量均未通过显著性检验,说明农户的收入和支出,以及农业生产资料价格对模型的影响不具有显著性。在现有的农业人口条件、生产条件、技术条件和政策环境下,46.5%的农业人口人均收入和支出水平保持在"3000元及以下",28.7%的农业人口人均收入和支出水平保持在"3001—6000元",8.9%的农业人口人均收入和支出水平保持在"6001—9000元",6.4%的农业人口人均收入和支出水平保持在"9001—12000元",9.5%的农业人口人均收入和支出水平保持在"12000元及以上"。可见,河南省农业人口收入和支出的总体水平较低,且低收入和低支出人口群体较大。按照Panayotou(1993)提出的环境库兹涅茨曲线(EKC):环境质量开始随着收入增加而退化,收入水平上升到一定程度后随收入增加而改善,即环境质量与收入为倒U形关系。由此判断,河南省农业人口的收入和支出现状不但不能促进农业生态环境与农业经济耦合系统的协同发展,而且在未来相当长的时间里还有可能削减耦合系统的协同发展,这与河南省农业生态的实际情况基本一致。此外,从农户家庭支出所占最大比重来看,73.6%的受访农户选择"供孩子读书",这充分反映了河南人口普遍重视教育的现实。根据"农户变量特征"分析,教育程度与促进耦合系统协同发展高度正相关,由此可以预测,伴随着农业人口素质的提高,有利于推动耦合系统协同发展。

控制特征变量。控制特征变量主要体现在政府行为对农户行为的控制和引导,其中,对农业可持续发展的宣传情况变量x_{20}($p=0.227$)和农业补贴情况变量x_{21}($p=0.208$)对模型影响不具有显著性,农业技术培训情况变量x_{18}和对生态农业的宣传情况变量x_{19}对模型都通过了5%的显著性检验。可见,控制特征变量中的x_{19}和x_{20}对应了认知变量中的x_{12}和x_{13},并且x_{12}因x_{19}对模型的显著性影响而表现出对模型的显著性影响,x_{13}因x_{20}对模型的无显著性影响而表现出对模型的无显著性影响,从而证明了政府控制行为对农户行为的重要影响。特别是农户因接受农业技术培训而表现出与耦合系统协同发展的同趋向性,进一步印证了政府采取积极的政策措施对于农户更新观念、发展生态环境友好型农业的激励效果。就农业补贴情况而言，虽然从中央政府到地方政府都逐年加大对"三农"补贴，但补贴的方向主要集中在农业生产方面，如对农业生产、流通和贸易进行的转移支付，而对生态农业和农业的可持续发展方面的补贴尤显不足，这从农业补贴情况变量 x_{21} 对模型影响不具有显著性的结果可以得到印证。

第三节 本章小结

本章对农业生态环境与农业经济耦合系统协同发展的主体行为进行了深入探讨，在分析市场行为和政府行为对耦合系统协同发展既"统一"又"背离"的"二律背反"关系基础上，通过实践调研，运用计划行为理论和二元 Logistic 回归模型对农户行为开展实证分析，研究结论为：农户的年龄变量和受教育程度与支持农业生态环境与农业经济耦合系统协同发展意愿分别呈负相关和正相关关系，由此证明农户年轻和受教育程度越高的农户，越倾向于推动耦合系统协同发展。农户的生产特征和生活特征与耦合系统协同发展意愿不具有显著性关系，亦即证明以市场行为为主导、政府行为为调控的农户的生产行为和生活行为并不支持耦合系统协同发展。农户的认知特征在不同层面与耦合系统协同发展具有一定的相关度，这为促进耦合系统协同发展的实践提供了政策设计的依据和方向。农户的期望特征与支持农业生态环境与农业经济耦合系统协同发展意愿不具有显著性关系，按照 EKC 理论，在当前的历史阶段，河南省农村人口的收支水平还远远没有达到倒 U 形曲线的拐点，从农户行为角度来推动耦合系统的协同发展还任重道远。从农户行为的控制变量来看，政府行为对农户行为具有一定的约束和激励作用，结合农户行为的生产变量、生活变量和期望变量分析，市场行为对农户行为的引导作用要更大一些。因此，在农业生产、生活和政策实践中要加大政府行为对耦合系统的调控，这既是耦合系统公共产品属性的理论要求，也是主体行为实证分析的结果。

第八章

对策建议

农业可持续发展包含农业生态环境可持续发展、农业经济可持续发展和人与自然的可持续发展，是农业生产实践的根本出发点和落脚点。推进农业生态环境与农业经济耦合系统的协同发展，既是落实国家可持续发展战略的重要内容，更是改善农业生态环境、提升农业经济增长质量、建设"两型社会"的迫切需要。河南省作为全国的农业大省和人口大省，农业生态环境与农业经济存在较强的耦合关系，协同发展状况虽然没有达到较高的程度，但随着时间的推移也呈现出逐渐向好的发展路径。然而，农业生态环境与农业经济耦合系统协同发展效应普遍偏低，没有实现耦合系统协同发展的最优效度。其主要原因可以归纳为行为主体促进农业生态环境与农业经济协同发展的意识不强，市场机制还不能有效激发农业生态环境与农业经济的协同发展，相对落后的农业技术和农业信息手段导致了农业经济粗放式发展特征明显和相应的制度保障措施不完善等。

第一节 建立关于耦合系统协同发展的行为主体共识

中国农耕文化蕴含着的丰富的系统观念和协同发展思想，在与现代农业有机结合的过程中，既要把握现代农业的特点和发展趋势，紧跟历史发展的潮流和理论研究前沿，更要继承和发扬传统农耕文化精髓，创造更加有利于人类需求的农产品和生态环境。这一目标的实现是建立在全社会对农业生态环境与农业经济耦合系统协同发展共识的基础上。由主体行为分析可以看出，农户的受教育程度和接受培训状况、政府对农业可持续发展和生态农业的宣传力度都与推进耦合系统协同发展具有显著的正相关关系。结合耦合系统协同发展机理研究，从农户行为来看，要主动接受教育和农业技术技能培训，提高自身素质和现代农业生产的能力。从政府行为来看，要积极创造条件支持农村人口不断提高受教育的水平，丰富培训内容、拓宽培训渠道、扩大培训受众、切实提高培训质量和效果，促进农村从业人员的素质和能力。此外，从政府层面还可以通过大力宣传农业生态环境保护和农业经济可持续发展的重大意义，在全社会形成农业生态环境与农业经济耦合系统协同发展的共识，为相关政策设计提供良好的舆论氛围和社会环境。

第二节　完善耦合系统协同发展的市场机制

市场行为是现代社会发展最有效的行为方式，无论是国外经济发展的成功经验，还是中国改革开放以来取得的经济建设成就，都充分印证了市场机制对于经济发展的重要意义。即便农业与其他产业存在差异，农业生态环境具有公共产品属性，市场机制依然是推动耦合系统协同发展的重要力量。然而，在现实农业生产实践的过程中，农药、化肥、地膜等过度使用带来的生态环境质量下降，威胁农业可持续发展，似乎是"看不见的手"在"作怪"。其实，在这些表面现象的背后却是市场机制不健全，或"看得见的手"在越位和错位。按照第四章关于市场行为的理论分析，可以通过提高市场机制运作效率、明晰产权、明确责任与义务等方式，减少危害农业生态环境行为的发生，促进耦合系统的协同发展。党的十八大以来，中国经济体制改革进入更深的层面，就是要进一步加大市场行为对经济发展的影响力度和效度，在整个经济社会发展中起到更加重要的作用。河南省承担的国家粮食生产核心区建设、中原经济区建设和郑州航空港经济综合实验区建设等三大国家战略，都与农业生态环境和农业经济密切相关。在政府行为推动经济社会发展和转型的过程中，隐形的市场力量往往成为决定事业发展成败的关键。因此，在促进农业生态环境与农业经济耦合系统协同发展的过程中，一方面要不断完善市场机制，为耦合系统提供不竭动力，另一方面通过市场力量有效引致农业生态环境与农业经济耦合系统的协同发展，为河南省实现三大国家战略提供坚实的基础，这也是河南省经济社会发展整体战略的客观要求。

第三节 强化科技与信息在耦合系统协同发展中的作用

科技协同和信息协同是促进耦合系统协同发展的重要内容，作为连接农业生态环境系统与农业经济系统的桥梁和纽带，通过科技支撑和信息强化，推动农业生态环境与农业经济可持续发展。现代科技极大激发了现代农业发展，农业产量和质量都得到了巨大的提高。同时，以"石油农业"为特征的农业生产现代化对生态环境造成了一定程度的负面影响。在农业生产实践中，无论是市场行为、政府行为，还是农户行为都不约而同地对"三高一低"的农业生产模式产生了依赖，在获取农业产品的同时也"伤害"了农业生态环境。面对"鱼与熊掌"不可兼得的境况，既不能因噎废食，否定现代科技对农业的贡献，也不能墨守成规，任由"石油农业"无节制发展。在未来的农业生产实践中，一方面要加大科研投入力度，提高农业生态环境保护的效度，转变农业生产对农药、化肥、地膜等要素的过分依赖；另一方面要加大对生态农业和农业可持续发展的宣传力度，向农户提供更加科学有效的农业生产技术和信息，加快农业科技进步和农业生产信息的转化，真正将农业生态环境与农业经济耦合系统协同发展的理念转变成为生产实践的自觉行动。河南省作为全国粮食生产第一大省，农业生态环境与农业经济耦合系统协同发展不但体现了生态效益、经济效益和社会效益的统一，而且还关系国家粮食生产安全和食品安全等问题，科技和信息在整个农业产业链中都具有不可替代的作用。因此，充分发挥科技的力量和信息沟通的作用，支撑现代农业变革，建设"从田园到餐桌"的完整农业产业体系，促进农业生态环境与农业经济耦合系统内的物质循环、能量流动、信息传递和价值转化，推进现代农业产业的协调发展。

第四节　以制度建设保障耦合系统协同发展

政府行为对农业生态环境与农业经济耦合系统协同发展的影响主要是通过法律、法规、规章、制度等"看得见的手"引导或约束耦合系统协同发展的行为方式。对于农业生态环境与农业经济耦合系统而言，其公共产品属性是政府行为发挥作用的客观要求和必然选择。一方面，政府以宣传教育软约束与制度硬约束相结合，并通过制度建设，营造资源节约型、环境友好型农业生产的外部环境，规范市场行为，并为市场机制发挥有效作用提供支持，引导农户行为，采用更加科学合理的生产模式，共同促进耦合系统协同发展。另一方面，从落实制度建设的角度，对失范的市场行为和农户行为要监督到位、及时干预，必要时运用行政手段或法律手段进行调整，减少并摒弃危害生态环境的农业生产方式和做法，以促进农业生态环境与农业经济耦合系统的协同发展，保障农业可持续发展、人与自然的长期科学发展。因此，各级地方政府在探索和推进农业生态环境与农业经济耦合系统协同发展的过程中，除了以教育提高发展共识、以科技信息提供发展支撑之外，更要注重制度建设对耦合系统所起到的保障性作用，将耦合系统的协同发展纳入制度控制和规范的轨道上来。首先，要强化对农业生态环境与农业经济耦合系统协同发展的科学研究，建立相关研究网络，加大相关研究投入力度，提升耦合系统协同发展研究的平台建设。其次，需要研究制定农业生态环境与农业经济耦合系统协同发展规划，并根据不同地域条件提出因地而异、因时而异的实施计划和落实步骤。再次，通过农业生态环境与农业经济耦合系统协同发展示范园区建设，推行不同的农业生态环境与农业经济耦合系统协同发展模式，以试点带动周边农业生产实践，从而以示范经验促进区域农业生态环境与农业经济耦合系统的全面协同发展。最后，通过制定相关法律、法规和政策，激发和规范市场机制给行为主体提供有效的激励，真正发挥市场的动力作用，形成政府推进、市场驱动和农户参与的工作机制。

第 九 章

研究结论与研究展望

第一节 研究结论

本书以农业生态环境与农业经济耦合系统为研究对象,从农业生态环境系统、农业经济系统、农业生态经济系统、系统耦合、耦合系统、系统相悖和协同发展等核心概念入手,综合农业生态环境研究、农业经济研究,以及二者的关系研究等相关研究成果,重点关注农业生态环境与农业经济的逻辑关系、耦合原理和协同发展机理。在河南省域内,依据 PSR 模型和 DFSR 模型,提出改进的 DFSR 模型,构建耦合系统协同发展评价指标体系。依据研究目标,以实证研究方法研判河南省农业生态环境与农业经济耦合系统协同发展状况和协同发展效应,通过微观要素影响分析和相关主体行为分析,为河南省以及类似区域的农业生态环境与农业经济耦合系统协同发展提供实践依据和参考。

一 农业生态环境与农业经济耦合系统协同发展理论部分

理论研究的动力来源于现实问题的困惑和现有理论对解答问题的乏力,本书的设计初衷就是源于农业实践活动中生态环境恶化、农业经济增长乏力等现实,破解单向度研究视角下的农业生态环境问题和农业经济可持续发展问题。通过对相关理论文献的梳理研究可以发现,单向度研究视角仅仅作为"头痛医头,脚痛医脚"的局部解决方案可能在某些方面得到"疗效",但对于农业可持续发展这一命题的回答尤显不足。因此,拓展现有单向度研究视角,用系统论和协同学思想指导农业生态环境问题的改善和农业经济的可持续发展是本书的重要内容。

农业生态环境系统与农业经济系统的逻辑关系和耦合原理是开展农

业生态环境与农业经济耦合协同发展研究的理论基础。农业生态环境系统的总体结构、时空结构和营养结构支撑了农业生态环境系统生产能力、循环规律和稳定程度，表现出整体性、阶段性和差异性特征。农业经济系统的结构决定了其功能和发展目标。在要素层面（人口、资源、环境、物质、资金和技术）、结构层面（农业生态环境系统是农业经济系统的基础、农业经济系统是农业生态环境系统的主导、技术是连接农业生态环境系统与农业经济系统的中介）和功能层面（物质流、能量流、信息流和价值流），农业经济系统引致了其与农业生态环境的逻辑关系，并表现出耦合与协同规律、延迟反馈与速变反馈规律、生态效益与经济效益辩证统一规律。农业生态环境系统与农业经济系统的耦合原理体现在两个系统内的组成要素相互输入和输出，构建了农业生态环境与农业经济的耦合结构，表现出复合性、统一性、开放性、差异性和可控性等耦合关系特征，具有催化潜势、管理潜势、发展潜势和稳定潜势等。

农业生态环境与农业经济耦合系统协同发展机制是本书的核心理论部分。首先，农业生态环境与农业经济耦合系统在"四流畅通""三生共赢""三者共治"的过程中，更加注重经济效益、社会效益和生态效益的统一，突出高效与集约、协调与和谐、可持续演进等目标，实现农业生态环境与农业经济的可持续发展是耦合系统协同发展机制研究的根本目标。其次，在分析耦合系统的利益协同、组织协同、信息协同和科技协同等耦合协同发展内容的基础上，梳理出原态性与新质性、相生性与相克性、静态性与动态性、反馈性与整体性等协同发展特征，将农业生态环境与农业经济耦合系统协同发展机理概括为利益牵引机理、组织推动机理、信息强化机理、技术支撑机理、政策导向机理和文化激励机理等。再次，借鉴耗散结构理论和协同学思想，深入探讨农业生态环境与农业经济耦合系统协同发展过程中的协同发展效应问题。最后，将农业生态环境与农业经济耦合系统协同发展机制问题研究引向深入，阐释政府行为、市场行为和农户行为等行为主体对耦合系统协同发展的作用机制，着重分析政府行为与市场行为的背离与统一，以及农户行为在政府行为与市场行为双重作用下的行为选择，从行为主体的角度探索促使耦合系统协同发展的根本途径。

农业生态环境与农业经济耦合系统评价指标体系是连结理论研究与

实证分析的桥梁与纽带，关系到理论研究在实证部分的运用，以及实证分析的有效性。在耦合系统评价指标体系框架的构建过程中，从指标体系构建的意义和原则出发，根据中国科学院资源环境科学信息中心报告关于可持续发展指标体系框架的研究成果，借鉴联合国经济合作与发展组织（OECD）所提出的 PSR 模型和 DFSR 模型，结合河南省农业生态环境与农业经济的实际情况，从主体行为的纵向维度、横向维度和时间维度提出改进的 DFSR 模型，并进行相关指标的甄选，为实证分析做准备。

二 农业生态环境与农业经济耦合系统协同发展实证部分

依据农业生态环境与农业经济耦合系统协同发展的理论研究、耦合系统评价指标体系框架和评价模型的构建，综合判断农业生态环境与农业经济发展状况，实证分析耦合系统的耦合程度、协同发展状态和协同发展效应，结论如下。

河南省农业生态环境质量综合评价指数在 1995—2013 年，从"差"等级经"中"等级发展到"良"等级，并表现出不断向好的发展趋势。其中，农业生态环境质量综合评价指数的提升是由响应类指标的拉动所致，农业相关主体行为中的政府行为促进了农业生态环境综合评价指数的提高，特别是政府行为加大了污染治理项目投资额度，提升了环境质量综合指数，一定程度上改善了农业生态环境质量；以市场行为和农户行为为主体的驱动力指标表现不够理想，在综合评价指数变化的过程中，贡献率逐渐减弱；农业生态环境质量并没有伴随着综合评价指数的提高而提高，反而出现了一定程度的下降。

河南省农业经济综合评价指数在 1995—2013 年，变化趋势表现为两个阶段：以 2003 年为分界点，1995—2002 年河南省农业经济增长缓慢，2003—2013 年河南省农业经济增长较快。以化肥、农药、地膜等石化能源为主导，以大量消耗水资源和电力资源为特征，构成了河南省农业经济驱动力指标。1995—2003 年，驱动力指标的贡献率相对于状态指标和响应指标的贡献率不具有明显的优势；2003—2013 年，驱动力指标的贡献率明显高出状态指标和响应指标的贡献率，从而带动农业经济整体的较快速增长。由此证明河南省农业经济具有明显的"石油农业"特征，以及对农业生态环境造成的不良影响。同时,农业经济的状态指标处于相对平稳的波浪式变动,并未真实反映农业经济总量的变化趋势,从而进一步印证了驱动力指标过量投入引致了农业经济的快速发展,这种高投入、高消耗、高污染、低效率("三高一低")的发展模式不利于农业经济的可持续发展。从农业经济相关主体的行为视角来看,响应指标也是处于相对平稳的波浪式变动,也未真实反映农业经济总量的变化趋势。即便政府行为采取一定的激励措施引导农户行为,采取一定的约束措施规范市场行为,但总体效果不甚理想,农业经济的响应指标贡献率乏力,农户依然运用"三高一低"的生产经营模式从事农业活动。

通过河南省农业生态环境与农业经济耦合系统协同发展实证分析,耦合系统在1995—2008年属于经济滞后型,2009—2013年属于环境比较滞后型。1995—2013年河南省农业生态环境子系统与农业经济子系统的耦合关系属于优质耦合,表明二者具有较好的耦合关系。农业生态环境子系统与农业经济子系统的协调程度沿着"低度协同—中度协同—高度协同"的发展路径演变。通过农业生态环境子系统与农业经济子系统的内部协同发展效应、二者之间的协同发展效应和耦合系统的协同发展效应评价,表明河南省农业生态环境子系统和农业经济子系统在不同时间的协同效度、发展效度和综合效度并非能够达到最优,且无论从生产角度还是从产出角度都可以发现,河南省农业生产要素(如农药、化肥、地膜等)投入过量或产出不足,经济效益和生态效益相对较低。1995—2013年河南省农业生态环境与农业经济耦合系统协同发展效应总体上是非有效,表明耦合系统内部要素之间的协调程度和同步发展趋势存在差异,不能达到投入与产出的生产前沿面,无法实现最优结果。因此,需要耦合系统外部因素的介入,比如政府行为、市场行为和农户行为等,调整系统的物质流、信息流、能量流和价值流,提高系统内要素的协同发展程度,促进耦合系统的协同发展。

在政府行为与市场行为背离与统一的关系分析基础上,得出政府行为与市场行为是影响农业生态环境与农业经济耦合系统协同发展的间接力量,农户行为是在政府行为和市场行为共同作用下对耦合系统产生的直接力量。运用二元Logistic回归模型,借鉴计划行为理论,实证分析农户行为与耦合系统协同发展的关系,农户年龄、农户文化程度、对生态农业了解程度、对农药和化肥负面影响的了解程度、农业技术培训情况和对生态农业的宣传情况等变量对耦合系统协同发展具有显著性影响，也是未来农业生产实践和政策设计的重要依据。

第二节　研究展望

21世纪以来，中央出台18个指导"三农"工作的一号文件，指出"民族要复兴，乡村必振兴"，要坚持把解决好"三农"问题作为全党工作重中之重，把全面推进乡村振兴作为实现中华民族伟大复兴的一项重大任务，举全党全社会之力加快农业农村现代化，让广大农民过上更加美好的生活。特别是2021年中央一号文件提出要全面推进乡村振兴，农村生产生活方式绿色转型，农村生态环境要得到明显改善。对新发展阶段优先发展农业农村、全面推进乡村振兴作出总体部署，为做好当前和今后一个时期"三农"工作指明了方向。坚持农业农村优先发展，坚持农业现代化与农村现代化一体设计、一并推进，坚持创新驱动发展，以推动高质量发展为主题，统筹发展和安全，落实加快构建新发展格局要求，巩固和完善农村基本经营制度，深入推进农业供给侧结构性改革，把乡村建设摆在社会主义现代化建设的重要位置，全面推进乡村产业、人才、文化、生态、组织振兴，充分发挥农业产品供给、生态屏障、文化传承等功能，走中国特色社会主义乡村振兴道路，加快农业农村现代化，加快形成工农互促、城乡互补、协调发展、共同繁荣的新型工农城乡关系，促进农业高质高效、乡村宜居宜业、农民富裕富足。

在乡村振兴战略背景下，农业生态环境与农业经济耦合系统协同发展研究就显得尤为重要。以农业生态学、农业经济学、系统论和协同学等多学科交叉研究为基础，以区域农业生态环境发展状况和农业生产实践为依托，关注农业生态环境与农业经济的逻辑关系、耦合原理和协同发展机制，科学评价区域农业生态环境与农业经济，探讨农业生态环境与农业经济耦合协同发展状况，开展有针对性的耦合系统协同发展效应评价，并对耦合系统协同发展的主体行为进行深入分析，为农业生产实践和相关政策设计提供有益参考。

就研究对象而言，本书重点关注河南省农业生态环境与农业经济耦合系统。农业生态环境与农业经济分别是耦合系统的子系统，在每个子系统内还存在诸如人口系统、资源系统、环境系统和技术系统等，以及耦合系统外还存在诸多外部系统的综合影响与作用。由于研究时间的限制，本书没有在耦合系统内外更具体的层面开展深入探讨，存在一定的局限性。同时，由于研究条件限制，仅仅开展了河南省农业生态环境与农业经济耦合系统协同发展的实证研究，缺乏省际间的比较研究，区域差异的实际情况在本书中没有得到有效体现。因此，在后续相关研究中，一方面可以通过农业生态环境系统与农业经济系统内部要素与外部系统的研究，开展更加详细、具体和深入的分析；另一方面可以拓展研究视角，补充省际间的比较分析，为不同区域农业生态环境与农业经济耦合系统协同发展提供更有效的对策方案。

就研究方法而言，本书主要运用了定性分析法与实证分析法，在借鉴前人研究成果的基础上，综合农业生态环境方面、农业经济方面和二者关系方面的研究成果，并在调查研究的基础上开展相关实证分析。但由于学术能力与相关经验不足，在耦合系统原理、耦合系统协同发展机理和主体行为分析等规范性研究方面，以及在耦合系统评价指标体系与评价模型的构建等实证研究方面还存在值得商榷的细节，需要在后续相关研究中不断探讨和完善。

就政策实践而言，农业生态环境与农业经济耦合系统的协同发展，不仅仅牵涉到耦合系统的逻辑关系、耦合原理和协同发展机制，更重要的是耦合系统还深深地"嵌入"于人类经济社会发展的大环境，市场行为的潜移默化和政府行为的显性干预恰如"看不见的手"与"看得见的手"，共同影响着农户行为对耦合系统产生作用。因此，农业生态环境与农业经济耦合系统的协同发展是一个更大范畴的复杂的系统工程，需要对不同的系统参与行为主体开展福利经济学的相关研究，统筹兼顾不同行为主体的利益诉求，以及政策设计的科学性、针对性和有效性，这是理论研究在实践应用中的重要组成内容，更是本书目标的真正意蕴，是开展后续研究的重要方向。

基于此，展望未来研究方向：一是以创新驱动优化农业产业结构，二是以优化财政支农结构提高农业经济发展水平，三是以强化环境规制实现绿色发展路径。首先，加快实施农业生态创新驱动发展战略，不断提升农业创新能力和水平,推动"互联网+"智慧农业的发展与应用,形成以创新驱动生态经济发展的良性互动格局,促进农业产业转型和升级,优化农业产业结构,构建起生态农业的产业体系、生产体系和经营体系,瞄准市场需求和潜在力,鼓励发展"产品品质高、经济效益高、生态环境友好"的高质量农业,增加农业生产的利润,促进农业生态化、生态资源产品化协调发展。其次,要在继续加大财政支持力度的基础上,优化支持结构,尤其是要加强具有正外部性的农业基础设施建设和农业科技发展经费的投入,充分发挥财政投入的引导和撬动作用,为农业高质量发展夯实物质基础,依托区域性生态资源和国家惠农政策,打造一批具有核心竞争力的农产品品牌,通过农业的高效益吸引人力资本、科技支持等现代生产要素,建立产业遴选体系、标准化生产体系、产业流通体系培育农业经济发展的内生动力。最后,继续秉持和践行生态农业、生态文明、农耕文明三大核心理念,加快构建农业绿色发展制度体系,建立农业产业准入负面清单,进一步落实耕地休耕轮作、土壤修复计划、畜禽粪污资源化利用等制度,积极开展农业污染治理,以环境保护、生态惠农项目,提升农业经营主体的绿色发展认知,主动采用绿色生态技术,促进生态与经济的协同发展。

总之,现代农业体系中的农业经济与农业生态环境是相辅相成、互利互生、相伴而行的。通过以绿色生态理念促进生态农业发展、以生态文明指引农业资源开发,构建和完善现代生态农业体系,推进生态信息技术创新与发展,促进农业生态环境与农业经济的融合。在保护农业生态环境的基础上,合理分配农业资源,加强农业生态环境建设,积极发展绿色生态农业,形成生态环境建设支撑农业经济发展,农业经济发展反哺农业生态环境建设的协调发展态势和良好发展格局,促进农业发展方式的转变,建设生态文明,走出一条中国特色新型农业现代化道路。

参考文献

一 著作

1. 国内著作

陈凤霞：《基于农户行为的质量安全稻米生产的经济学分析——以黑龙江省为例》，中国农业出版社2015年版。

陈建歧：《〈资本论〉学习与研究》，陕西人民出版社1999年版。

段永瑞：《数据包络分析——理论和应用》，上海科学普及出版社2006年版。

高鸿业：《西方经济学》，中国人民大学出版社2011年版。

国务院发展研究中心农村经济研究部课题组：《中国特色农业现代化道路研究》，中国发展出版社2012年版。

胡霞：《中国农业成长阶段论：成长过程、前沿问题及国际比较》，中国人民大学出版社2011年版。

李秉龙、薛兴利：《农业经济学》，中国农业大学出版社2009年版。

刘德江：《生态农业技术》，中国农业大学出版社2014年版。

刘钦普：《生态农业概论》，河南科学技术出版社1995年版。

骆世明：《农业生物多样性利用的原理与技术》，化学工业出版社2010年版。

苗东升：《系统科学精要》，中国人民大学出版社2010年版。

穆东：《矿城耦合系统的演化与协同发展研究》，吉林人民出版社2004年版。

牛文元：《持续发展导论》，科学出版社1994年版。

任继周：《中国农业系统发展史》，江苏凤凰科学技术出版社2015年版。

尚杰:《农业生态经济学》,中国农业出版社2000年版。

谭崇台、郭熙保、庄子银:《发展经济学》,山西经济出版社2004年版。

佟新:《人口社会学》,北京大学出版社2010年版。

王留芳:《农业生态学》,陕西科学技术出版社1994年版。

王声跃、王龚:《乡村地理学》,云南大学出版社2015年版。

王维国:《协调发展的理论与方法研究》,中国财政经济出版社2000年版。

魏权龄:《数据包络分析》,科学出版社2004年版。

吴大进、曹力、陈立华:《协同学原理和应用》,华中理工大学出版社1990年版。

吴今培、李学伟:《系统科学发展概论》,清华大学出版社2010年版。

吴泽宁、吕翠美、胡彩虹:《水资源生态经济价值能值分析理论方法与应用》,科学出版社2013年版。

徐光丽、接玉梅、葛颜祥:《流域生态补偿机制研究》,中国农业出版社2014年版。

薛达元、戴蓉、郭泺:《中国生态农业模式与案例》,中国环境科学出版社2012年版。

严力蛟:《中国生态农业》,气象出版社2003年版。

杨殿林、修伟明:《生物多样性与生态农业》,科学出版社2011年版。

杨京平:《生态农业工程》,中国环境科学出版社2009年版。

杨士弘:《城市生态环境学》,科学出版社2004年版。

杨雪锋:《循环经济学》,首都经济贸易大学出版社2009年版。

杨英茹、车艳芳:《现代农业生产技术》,河北科学技术出版社2014年版。

余永定、张宇燕、郑秉文:《西方经济学》,经济科学出版社2003年版。

曾珍香、顾培亮:《可持续发展的系统分析与评价》,科学出版社2000年版。

张季中:《农业生态与环境保护》,中国农业大学出版社2007年版。

张立钦、吴甘霖:《农业生态环境污染防治与生物修复》,中国环境科学出版社2005年版。

张娜:《景观生态学》,科学出版社2014年版。

《哲学大辞典·逻辑学卷》编辑委员会：《哲学大辞典·逻辑学卷》，上海辞书出版社1988年版。

钟水映、简新华：《人口、资源与环境经济学》，科学出版社2011年版。

朱鹤健、何绍福、姚成胜：《农业资源系统耦合模拟与应用》，科学出版社2009年版。

  2. 译著

［德］赫尔曼·哈肯：《协同学：大自然构成的奥秘》，凌复华译，上海译文出版社2013年版。

［丹］S. E. 约恩森：《生态系统生态学》，曹建军译，科学出版社2011年版。

［美］大卫·福特：《生态学研究的科学方法》，肖显静、林祥磊译，中国环境科学出版社2012年版。

［美］D. L. 得贝丁：《农业生产经济学》，马鸿运译，天则出版社1990年版。

［美］赫尔曼·E. 戴利、［美］乔舒亚·法利：《生态经济学：原理和应用》，金志农、陈美球、蔡海生等译，中国人民大学出版社2014年版。

［美］杰拉尔德·迈耶、［美］约瑟夫·斯蒂格利茨：《发展经济学前沿：未来展望》，本书翻译组译，中国财经出版社2003年版。

［美］汤姆·蒂坦伯格、［美］琳恩·刘易斯：《环境与自然资源经济学》，王晓霞、杨鹏、石磊译，中国人民大学出版社2011年版。

［美］西奥多·舒尔茨：《改造传统农业》，商务印书馆2003年版。

［日］速水佑次郎、［美］弗农·拉坦：《农业发展：国际前景》，吴伟东、翟正惠译，商务印书馆2014年版。

  3. 外文著作

Haken H. , *Information and Self-organization—a macroscopic approach to complex systems*, Berlin & New York: Springer-verlag, 1988.

Lllingworth V. , *The penguin dictionary of physics*, Beijing: Foreign Language Press, 1996.

OECD, *OECD core set of indicators for environmental performance reviews*, Paris: OECD Publishing, 1993.

OECD, *Towards sustainable development: environment indicators* 2001, Paris:

OECD Publishing, 2002.

William D., Markandya A. and Edward B., *Blueprint for a green economy*, Oxford：Taylor & Francis Group, 1989.

二 期刊论文

1. 中文期刊

补建伟、孙自永、周爱国：《中国矿山地质环境承载力研究现状》，《中国矿业》2016 年第 1 期。

曹明宏、雷书彦、姜学民：《论生态经济良性耦合与湖北农业运作机制创新》，《湖北农业科学》2000 年第 6 期。

陈锋正、刘向晖、刘新平：《农业生态经济系统的耦合模型及其应用——以河南省为例》，《中南林业科技大学学报》2015 年第 3 期。

陈锋正、刘新平、刘向晖：《河南省粮食生产存在的问题及解决途径分析》，《农业经济》2015 年第 12 期。

陈锋正、刘新平、刘向晖：《经济发展新常态下城镇化与粮食生产问题分析》，《农业经济》2015 年第 10 期。

陈利顶、李秀珍、傅伯杰：《中国景观生态学发展历程与未来研究重点》，《生态学报》2014 年第 12 期。

陈美球、肖鹤亮、何维佳：《耕地流转农户行为影响因素的实证分析——基于江西省 1396 户农户耕地流转行为现状的调研》，《自然资源科学》2008 年第 3 期。

陈世发、刘文：《基于 PRA 的农户行为与水土流失耦合关系研究——以粤北岩溶山区为例》，《水土保持研究》2013 年第 2 期。

陈祥义：《发展农村循环经济有效解决农村面源污染问题》，《商场现代化》2006 年第 2 期。

程一松、胡春胜：《河北省中南部农业环境承载力研究》，《生态农业研究》2000 年第 3 期。

邓正华、张俊飚、许志祥：《农村生活环境整治中农户认知与行为响应研究——以洞庭湖湿地保护区水稻主产区为例》，《农业技术经济》2013 年第 2 期。

董孝斌、高旺盛：《关于系统耦合理论的探讨》，《中国农学通报》2005

年第 1 期。

段文婷、江光荣：《计划行为理论述评》，《心理科学进展》2008 年第 2 期。

冯琳：《国内外循环经济研究进展及评述》，《石河子大学学报》（哲学社会科学版）2010 年第 3 期。

高奇、师学义、张琛：《县域农业生态环境质量动态评价及预测》，《农业工程学报》2014 年第 5 期。

管竹笋、鲍宏礼：《农村土地货币化模式分析与效应研究——基于生态经济学、农村社会学等多学科视角的思考》，《生态经济》2006 年第 6 期。

贺卫华：《河南省农业生态环境承载力分析》，《学习论坛》2010 年第 7 期。

洪阳、栾胜基：《中国环境影响评价（EIA）中的公众参与》，《重庆环境科学》1999 年第 1 期。

洪阳、叶文虎：《可持续环境承载力的度量及其应用》，《中国人口资源与环境》1998 年第 3 期。

侯向阳、张燕卿：《农业区域治理的理论与实践》，《农业现代化研究》1996 年第 5 期。

侯亚君、高峰：《输入输出指标的增加减少对 DEA 有效性的影响》，《沈阳工业学院学报》1998 年第 2 期。

黄武、黄宏伟、朱文家：《农户秸秆处理行为的实证分析——以江苏省为例》，《中国农村观察》2012 年第 4 期。

贾蕊、梁银河、朱新民：《山西省农业资源环境与经济协调发展评价与对策研究》，《国土与自然资源研究》2007 年第 4 期。

贾士靖、刘银仓、邢明军：《基于耦合模型的区域农业生态环境与经济协调发展研究》，《农业现代化研究》2008 年第 9 期。

姜保雨：《论农业现代化点线面体循环经济道路》，《安徽农业科学》2006 年第 4 期。

蒋满元：《耗散结构、协同效应问题与区域可持续发展》，《河北科技师范学院学报》（社会科学版）2007 年第 4 期。

金则新、柯世省：《浙江天台山七子花群落主要植物种类的光合特性》，

《生态学报》2002 年第 10 期。

柯炳生:《工业反哺农业:中国经济社会发展的新阶段》,《农业发展与金融》2005 年第 3 期。

蓝盛芳、钦佩:《生态系统的能值分析》,《应用生态学报》2001 年第 1 期。

李国平、石涵予:《退耕还林生态补偿标准、农户行为选择及损益》,《中国人口·资源与环境》2015 年第 5 期。

李文祥、赵燕、毛昆明:《论生态农业与农业可持续发展的关系》,《经济问题探索》2001 年第 8 期。

李小建:《欠发达农区经济发展中的农户行为——以豫西山地丘陵区为例》,《地理学报》2002 年第 4 期。

李志强:《发展农业循环经济,促进农业可持续发展》,《河南农业科学》2006 年第 1 期。

李志强:《农机作业社会化服务模式的创新与实践》,《江苏农机化》2015 年第 2 期。

李契、朱金兆、朱清科:《生态位理论及其测度研究进展》,《北京林业大学学报》2003 年第 1 期。

林慧龙、侯扶江:《草地农业生态系统中的系统耦合与系统相悖研究动态》,《生态学报》2004 年第 24 期。

林开敏、郭玉硕:《生态位理论及其应用研究进展》,《福建林学院学报》2001 年第 3 期。

刘洪玉、刘小琴:《技术进步、技术效率和规模效率与经济增长关系研究》,《区域经济》2011 年第 16 期。

刘建国:《生态位理论的发展及其在农村生态工程建设中的应用原则》,《农业现代化研究》1987 年第 6 期。

刘钦普、林振山:《江苏省耕地利用可持续性动态分析及预测》,《自然资源学报》2009 年第 4 期。

刘喜波、张雯、侯立白:《现代农业发展的理论体系综述》,《生态经济》2011 年第 8 期。

刘新平、孟梅:《土地持续利用与生态环境协调发展的耦合关系分析——以塔里木河流域为例》,《干旱区地理》2011 年第 1 期。

刘耀彬、李仁东、宋学锋：《中国城市化与生态环境耦合度分析》，《自然资源学报》2005年第1期。

陆宏芳、沈善瑞、陈洁：《生态经济系统的一种整合评价方法：能值理论与分析方法》，《生态环境》2005年第1期。

陆位忠：《基于DEA的评价模型及其输入输出指标确定》，《包装工程》2005年第6期。

罗新阳：《农业生态经济：新农村建设的必然选择——从生态经济学视角审视》，《广东青年干部学院学报》2006年第11期。

骆世明：《论生态农业的技术体系》，《中国生态农业学报》2010年第3期。

骆世明：《论生态农业模式的基本类型》，《中国生态农业学报》2009年第3期。

骆世明：《农业生态学的国外发展及其启示》，《中国生态农业学报》2013年第1期。

骆世明：《农业生态学近年研究领域与研究方法综述》，《生态农业研究》1999年第1期。

农业部软科学委员会课题组：《中国农业进入新阶段的特征和政策研究》，《农业经济问题》2001年第1期。

潘安、胡丽慧、王佑汉：《四川生态经济系统可持续发展能值分析》，《统计与决策》2008年第11期。

彭珂珊：《国内外农业可持续发展研究进展评述》，《北方经济》2002年第1期。

彭珂珊：《农业可持续发展的作用和意义》，《科学新闻》2001年第40期。

任保平、钞小静：《实现统筹城乡发展、工业反哺农业和建设新农村的有机衔接》，《江西财经大学学报》2007年第5期。

任继周、葛文华、张自和：《草地畜牧业的出路在于建立草业系统》，《草业科学》1989年第5期。

任继周、贺汉达、王宁：《荒漠—绿洲草地农业系统的耦合与模型》，《草业学报》1995年第2期。

任继周、万长贵：《系统耦合与荒漠—绿洲草地农业系统——以祁连山—

临泽剖面为例》,《草业学报》1994 年第 3 期。

任继周:《系统耦合在大农业中的战略意义》,《科学》1999 年第 6 期。

任继周、朱兴运:《中国河西走廊草地农业的基本格局和它的系统相悖》,《草业学报》1995 年第 4 期。

任志远、黄青、李晶:《陕西省生态安全及空间差异定量分析》,《地理学报》2005 年第 4 期。

任志远、徐茜、杨忍:《基于耦合模型的陕西省农业生态环境与经济协调发展研究》,《干旱区资源与环境》2011 年第 12 期。

沈雷:《资源的循环特征与循环经济政策》,《资源科学》2005 年第 1 期。

宋圭武:《农户行为研究若干问题述评》,《农业技术经济》2002 年第 4 期。

宋辉、钟涨宝:《基于农户行为的农地流转实证研究——以湖北省襄阳市 312 户农户为例》,《资源科学》2013 年第 5 期。

隋维钧、李海峰、张显明:《兴安盟发展生态农业的视角与模式探讨》,《内蒙古农业科技》2007 年第 2 期。

王传良、王伟平、何艳秋:《基于 TOPSIS 法耕地质量综合评价耦合模型及应用》,《黑龙江水利科技》2009 年第 3 期。

王春枝:《综合评价指数模型的比较与选择》,《统计教育》2008 年第 4 期。

王继军、姜志德、连坡:《70 年来陕西省纸坊沟流域农业生态经济系统耦合态势》,《生态学报》2009 年第 9 期。

王亮根、杜虹、曹会彬:《汕头港环境承载力及可持续发展研究》,《环境科学与管理》2012 年第 11 期。

王闰平、荣湘民:《山西省农业生态经济系统能值分析》,《应用生态学报》2008 年第 10 期。

王永洁、王亚娟、刘小鹏:《宁夏农业生态环境质量综合评价及优化研究》,《水土保持研究》2007 年第 5 期。

王正环:《一种改进的 DSR 模型》,《三明学院学报》2008 年第 4 期。

魏晶晶、方江平、代松家:《中国农业生态经济系统能值研究综述》,《现代农业科技》2014 年第 23 期。

魏欣、李世平:《基于农户行为的农业面源污染机制探析》,《西北农林科技大学学报》（社会科学版）2012年第6期。

文传甲：《三峡库区大农业的自然环境现状与预警分析》，《长江流域资源与环境》1997年第4期。

闻大中：《农业生态系统能流的研究方法（一）》，《农村生态环境》1985年第12期。

闻大中：《农业生态系统能流的研究方法（二）》，《农村生态环境》1986年第4期。

闻大中：《农业生态系统能流的研究方法（三）》，《农村生态环境》1986年第7期。

吴磊、向平安：《湖南农业生态经济系统能值分析》，《湖南农业科学》2011年第17期。

吴天马：《循环经济与农业可持续发展》，《环境导报》2002年第4期。

吴伟程、徐水太：《江西省农业生态经济系统能值分析》，《安徽农业科学》2009年第31期。

吴文江、刘亚俊：《DEA中确定指标是输入（出）的根据及其应用》，《运筹与管理》2000年第4期。

吴文江：《有关DEA有效决策单元判断定理的探讨》，《系统工程理论与实践》1999年第8期。

吴文良、孟凡乔：《国际有机农业运动及中国生态产业发展探讨》，《中国蔬菜》2001年第3期。

夏自兰、王继军、姚文秀：《水土保持背景下黄土丘陵区农业产业资源系统耦合关系研究——基于农户行为的视角》，《中国生态农业学报》2012年第3期。

宣亚南、欧名豪、曲福田：《循环型农业的含义、经济学解读及其政策含义》，《中国人口·资源与环境》2005年第2期。

薛继亮、李录堂：《传统农区乡村再集体化的现实需要及其实现路径》，《现代经济探讨》2011年第2期。

杨祥禄：《拓展农业的多功能性 大力发展创意农业》，《四川农业与农机》2014年第5期。

杨艳昭、张伟科、刘登伟：《内蒙古水土资源平衡及其水资源承载能力》，《干旱区地理》2008年第3期。

姚天冲、佘恋、赵维众：《发展循环农业经济的法律思考》，《农业经济》2006年第3期。

叶世绮、颜彩萍、莫剑芳：《确定DEA指标体系的B-D方法》，《暨南大学学报》（自然科学版）2004年第3期。

袁璋、许越先、吴凯：《中国中部地区粮食生产地位及可持续发展的初步分析》，《农业技术经济》2006年第4期。

曾维华、杨月梅、陈荣昌：《环境承载力理论在区域规划环境影响评价中的应用》，《中国人口·资源与环境》2007年第6期。

张殿发、黄奕龙：《土地资源可持续利用的生态经济系统评价》，《农村生态环境》2000年第2期。

张光明、谢寿昌：《生态位概念演变与展望》，《生态学杂志》1997年第6期。

张军民、张建龙、马玉香：《玛纳斯河流域—绿洲生态耦合的理论、方法及机制研究》，《干旱区资源与环境》2007年第6期。

张象枢：《基于环境社会系统分析的可持续发展论——环境社会系统发展学学习心得》，《当代生态农业》2012年第3—4期。

张志强、程国栋、徐中民：《可持续发展评估指标、方法及应用研究》，《冰川冻土》2002年第8期。

章熙合：《农业生态系统中新物种引进的初步探讨》，《生态学杂志》1990年第2期。

钟春平、陈三攀、徐长生：《结构变迁、要素相对价格及农户行为——农业补贴的理论模型与微观经验证据》，《金融研究》2013年第5期。

朱孔来、马成霞：《生态农业综合效益评价方法的研究》，《生态学杂志》1991年第6期。

2. 外文期刊

Charnes A., Cooper W. W. and Lawrence M., "Invariant multiplicative efficiency and piecewise cobb-douglas envelopments", *Operations Research Letters*, Vol. 2, No. 101-103, Mar 1983.

Charnes A., Cooper W. W. and Rhodes E., "Measuring the efficiency of decision making Units", *European Journal of Operational Research*, Vol. 2, No. 429-444, June 1978.

Clift R., Allenby B. and Avres R., "Forum on sustainability", *Clean Products and Processes*, Vol. 6, No. 67 – 70, Feb 2000.

Granovetter M., "Economic action and social structure: the problem of embeddedness", *American Journal of Sociology*, Vol. 91, No. 37, Mar 1985.

Katchalsky. A., "Biological flow structures and their relation to chemical fluxional coupling", *Neuroscience Research Progress Bulletin*, vol. 9, No. 23, May 1971.

Wiggering H. and Rennings K., "Sustainability indicators: geology meets economy", *Environmental Geology*, Vol. 32, No. 71 – 77, Feb 1997.

Yoshida K., "Economic valuation of multifunctional roles of agriculture in hilly and mountainous areas in Japan", *Journal of Political Economy*, Vol. 5, No. 152 – 174, May 2001.

3. 博士论文

白华:《"经济—资源—环境"复合系统协调发展理论与方法》,博士学位论文,天津大学,1997年。

崔晓迪:《区域物流供需耦合系统的协同发展研究》,博士学位论文,北京交通大学,2009年。

豆志杰:《农业生态安全与农产品质量安全耦合系统协同发展研究》,博士学位论文,吉林农业大学,2013年。

韩志强:《基于可持续发展的城乡旅游协同发展研究》,博士学位论文,福建师范大学,2008年。

姜子昂:《基于绩效耦合的天然气业技术创新体系研究》,博士学位论文,西南交通大学,2007年。

李远远:《基于粗糙集的指标体系构建及综合评价方法研究》,博士学位论文,武汉理工大学,2009年。

聂佳梅:《广西农业机械化发展的环境承载力研究》,博士学位论文,广西大学,2006年。

沈宇丹:《环境友好农业技术创新激励政策研究》,博士学位论文,华中农业大学,2009年。

唐婷:《区域农业生态环境质量与生态经济的时空变化研究》,博士学位论文,南京农业大学,2012年。

王凤:《公众参与环保行为的影响因素及其作用机理研究》,博士学位论文,西北大学,2007年。
张锋:《中国化肥投入的面源污染问题研究——基于农户施用行为的视角》,博士学位论文,南京农业大学,2011年。

附　录

农业生态环境与农业经济调查问卷

尊敬的朋友：您好！

　　为了准确把握本地区人民对农业生态环境的认知与发展农业经济的意愿，以便为《河南省农业生态经济系统论》提供可靠依据，特开展本次学术调查。此次调查以匿名方式填答，填写的所有内容无对错、优劣之分，仅用于学术研究。您只需根据实际情况在选项上打"√"或在"＿＿＿"上填写相应信息。非常感谢您与我们共同关注农业生态环境与农业经济发展，衷心感谢您的支持与协助！

《河南省农业生态经济系统论》调查组　敬上

1. 您的年龄是：（单选）
   A. 18—30 岁　　B. 31—40 岁　　C. 41—50 岁　　D. 51—60 岁　　E. 61 岁及以上
2. 您的性别为：（单选）
   A. 男　　　　B. 女
3. 您的民族为：（单选）
   A. 汉族　　　　B. 少数民族：＿＿＿＿＿＿族
4. 您的文化程度是：（单选）
   A. 文盲　　B. 小学　　C. 初中　　D. 高中　　E. 大学及以上
5. 您希望孩子的教育程度达到：（单选）
   A. 文盲　　B. 小学　　C. 初中　　D. 高中　　E. 大学及以上

6. 您家共有几口人？（单选）

A. 2 人及以下　　B. 3 人　　C. 4 人　　D. 5 人　　E. 6 人及以上

7. 您家进城务工有几人？（单选）

A. 2 人及以下　　B. 3 人　　C. 4 人　　D. 5 人　　E. 6 人及以上

8. 您所从事的农业活动是：

A. 小麦、玉米、水稻等粮食作物种植　　B. 畜禽类养殖　　C. 水产类养殖　　D. 烟叶、茶叶、水果、花卉、林木等经济作物种植　　E. 农产品加工、销售　　F. 其他，如：_____

9. 您是否参加过农业技术培训：（单选）　　A. 是　　B. 否

因您对第 9 题的回答，下面对 9-1 和 9-2 择其一而做。

9-1. 如果您没有参加过农业技术培训，原因是：

A. 村里没有组织过　　　　B. 没有听说过

C. 不想参加　　　　D. 其他，如：_____

9-2. 如果您参加过农业技术培训，您参加培训的目的是：

A. 增加收入　　　　B. 提高技能

C. 获得政策扶持　　　　D. 获得补贴

E. 获得证书　　　　F. 其他，如：_____

10. 您最需要哪些农业技术：

A. 测土施肥技术　　B. 种植管理技术　　C. 病虫害防治技术　　D. 新品种种苗技术　　E. 节水灌溉技术　　F. 农机技术　　G. 农产品加工技术　　H. 其他，如：_____

11. 您家务农的主要是：

A. 18 岁以下的未成年人　　　　B. 18~40 岁的男性

C. 18~40 岁的女性　　　　D. 41~60 岁的男性

E. 41~60 岁的女性　　　　F. 60 岁以上的老人

12. 正常情况下，您家人均年收入在以下哪个范围？（单选）

A. 3000 元及以下　　B. 3001~6000 元　　C. 6001~9000 元

D. 9001~12000 元　　E. 12001 元及以上

13. 正常情况下，您家人均年支出在以下哪个范围？（单选）

A. 3000 元及以下　　B. 3001~6000 元　　C. 6001~9000 元

D. 9001~12000 元　　E. 12001 元及以上

14. 正常情况下，您家总支出中所占比重最大的是：

A. 农业生产　　　　B. 供孩子读书　　　　C. 日常生活必需品

D. 赡养老人　　　　E. 其他，如：_____

15. 您家人均耕地面积在以下哪个范围？（单选）

A. 1 亩及以下　　　　　　B. 大于 1 亩小于等于 2 亩

C. 大于 2 亩小于等于 3 亩　D. 大于 3 亩小于等于 4 亩

E. 大于 4 亩

16. 您对生态农业了解吗？（单选）

A. 很了解　　B. 一般了解　　C. 不太了解　　D. 没听说过

17. 您认为当地政府对发展生态农业的宣传：（单选）

A. 很到位　　B. 有宣传，但还不够　　C. 基本没有　　D. 不清楚

18. 您对农业可持续发展了解吗？（单选）

A. 很了解　　B. 一般了解　　C. 不太了解　　D. 没听说过

19. 您认为当地政府对农业可持续发展的宣传：（单选）

A. 很到位　　B. 有宣传，但还不够　　C. 基本没有　　D. 不清楚

20. 您家庭的生活污水如何排放？

A. 随意排放　　B. 排放到附近的水沟或河流　　C. 通过管道集中处理

D. 排放到沼气池　　　　E. 其他，如：_____

21. 您家庭的生活垃圾如何处理？

A. 随意堆放　　　B. 集中无害化处理　　C. 有机垃圾排放沼气池

D. 其他，如：____

22. 您家庭的人畜粪便如何处理？

A. 随意排放　　B. 入沼气池资源化　　C. 制作有机肥　　D. 其他，如：_____

23. 您如何施肥？

A. 大量施撒化肥　　B. 化肥和农家肥混合使用　　C. 施用农家肥

D. 测土配方施肥　　E. 施用长效缓释肥　　F. 其他，如：_____

24. 您采取的农业病虫害防治措施？

A. 使用高浓度高残留农药　　　　B. 使用高效低毒新农药

C. 使用生物农药　　　　　　　　D. 利用生物技术和基因技术

E. 应用光、电、微波、超声波等物理措施

F. 其他，如：_____

25. 您对使用农药和化肥的负面影响的认识是：（单选）

A. 不知道　　B. 没有影响　　C. 影响较轻　　D. 影响较重

E. 影响十分严重

26. 您是否利用农膜进行农业生产？（单选）

A. 是　　　　　　B. 否

如您对第 26 题的回答"是"，请继续对 26 - 1 做出回答；否则，不必回答。

26 - 1. 您如果利用农膜进行农业生产，是否回收农膜？（单选）

A. 是　　　　　　B. 否

27. 您认为当地农村现在存在的污染最明显的有？

A. 农药残留污染　　　B. 化肥污染　　　C. 秸秆燃烧污染

D. 农膜等白色污染　　E. 畜禽粪便污染　F. 生活垃圾污染

G. 其他，如：_____

28. 您通常采取的农业灌溉方式是：

A. 大水漫灌（如：畦灌、沟灌、淹灌和漫灌等）　　B. 普通喷灌

C. 现代农业微灌溉（如：微喷灌、滴灌、渗灌等）

D. 其他，如：_____

29. 您主要通过哪些渠道了解农业补贴政策？

A. 电视、广播、报纸　　B. 乡镇政府　　C. 村干部

D. 信用社、财政所　　　E. 农业企业、合作社或协会

F. 亲邻朋友　　　　　　G. 其他，如：_____

30. 您认为农业补贴对您从事农业生产有促进作用吗？（单选）

A. 有　　　　　B. 没有

如您对第 30 题的回答"没有"，请继续对 30 - 1 做出回答；否则，不必回答 30 - 1。

30 - 1. 如果没有促进作用，可能的原因是：

A. 上级政府或村委会有违反政策扣留补贴款或挪用

B. 农产品价格太低　　　C. 农业补贴数额太少

D. 其他，如：_____

31. 您认为农业生产资料价格：（单选）

A. 涨幅太快，无法承受　　　　B. 涨幅一般，可以承受
C. 国家控制较好，比较满意　　D. 不清楚

32. 政府政策使您受益最多的是：
A. 九年义务教育免除学生学杂费　　B. 农机具补贴
C. 减免农业税　　　　　　　　　　D. 生态环境的改善
E. 医疗保险　　F. 其他，如：＿＿＿＿＿＿

问卷结束，衷心感谢您的支持与协助！